W0350451

Qu'est-ce qui cloche avec TA VIE EN LIGNE ?

3

KBOOKS

SOMMAIRE

CHAPITRE 28

IL S'EST PASSÉ QUELQUE CHOSE DE SPÉCIAL ?
QUOI ?
VOUS AVEZ L'AIR DE BONNE HUMEUR EN CE MOMENT.
AH BON ?
VOUS SOURIEZ PLUS SOUVENT.
T'INSINUES QUE JE TIRE LA TRONCHE D'HABITUDE ?
FFT
TAP

IL NE S'EST RIEN PASSÉ.
JE VAIS BIENTÔT METTRE LA MAIN SUR MA PEINTURE, C'EST TOUT.
C'EST VRAIMENT QUE ÇA ?
QU'EST-CE QUE TU SOUS-ENTENDS ?
JE VOUS AI OBSERVÉ...
VOUS AVEZ L'AIR PLUS AGITÉ QUAND VOUS AVEZ RENDEZ-VOUS AVEC MLLE HAN.
COMME SI VOUS AVIEZ HÂTE...
HÂTE DE QUOI ?
DE VOIR VOTRE PETITE AMIE.
QUOI ?

FWIP
ARRÊTE DE RACONTER N'IMPORTE QUOI.
IL N'Y A PAS À AVOIR HONTE.
IL N'Y A PAS MIEUX QU'ÊTRE AMOUREUX DANS LA VIE.
DE TOUTE FAÇON, VOUS ALLEZ FINIR PAR VOUS MARIER.
ALORS PROFITEZ DE CETTE PÉRIODE DE LUNE DE MIEL...
PARLE POUR TOI.
CES CHOSES-LÀ NE M'INTÉRESSENT PAS.

JE NE SAIS PAS SI JE PEUX ME PERMETTRE DE DIRE ÇA, MAIS...
PARFOIS, J'AI L'IMPRESSION QUE VOUS VOUS RETENEZ DE VIVRE.
QU'EST-CE QUE TU RACONTES ?
C'EST COMME SI DEVANT LES AUTRES...
VOUS DÉTESTIEZ MONTRER QUE VOUS ÊTES HEUREUX.
VOUS CHERCHEZ À PARAÎTRE INSENSIBLE, ENCORE PLUS EN CE MOMENT.
TU SAIS POURQUOI LA PREMIÈRE PLACE A PLUS DE VALEUR QUE LES AUTRES ?
EUH... NON ?

PARCE QU'UNE SEULE PERSONNE PEUT L'AVOIR.
CEUX QUI SE TOURNENT LES POUCES...
NE POURRONT JAMAIS L'OBTENIR.
C'EST POURQUOI, PENDANT QUE LES AUTRES S'AMUSAIENT, J'AI TOUJOURS TRAVAILLÉ.
JE ME SUIS ACHARNÉ JUSQU'À EN ÊTRE MALADE...
ET POURTANT...
JE N'AI JAMAIS PU PRENDRE CETTE PLACE.
GNIP
PATRON...
SI UN RATÉ COMME MOI SE RELÂCHE, QUE PENSERONT LES GENS D'APRÈS TOI ?
QUE C'EST SÛREMENT POUR ÇA QUE JE N'AI JAMAIS RÉUSSI À ÊTRE PREMIER.

JE ME SUIS BATTU JUSQU'À EN AVOIR DES ULCÈRES.
ALORS QUE LES SURDOUÉS...
N'ONT QU'À LEVER LE PETIT DOIGT...
...
JE NE PEUX PAS ME REPOSER SUR MES LAURIERS.
JE DOIS CONTINUER À ME BATTRE.

JE N'AI PAS LE CHOIX.
JUSQU'À CE QUE J'ARRIVE À OBTENIR CETTE PLACE.
TU COMPRENDS ?
OUI...
PARDONNEZ-MOI.
JE VAIS CHERCHER LA VOITURE.
FWIP

J'IMAGINE QUE TOUT LE MONDE...
A DÉJÀ VÉCU QUELQUE CHOSE DE SIMILAIRE.
QUAND UN CHEMIN JUSQU'ICI SI FAMILIER...
NOUS PARAÎT SOUDAINEMENT ÉTRANGER.
OU ENCORE UNE JOLIE ÉCRI-TURE...
DEVIENT SOUDAINEMENT ILLISIBLE.
J'ESPÈRE QUE LA NOURRITURE VOUS PLAIRA.
QUAND ON EST PRIS AU DÉPOURVU.
C'EST QUOI, CE SOURIRE ?
HA
HA

VOUS M'AVIEZ DIT QUE VOUS AIMIEZ MANGER VÉGAN.
MAIS JE NE SAIS PAS CE QUE ÇA VAUT.
ON M'A BEAUCOUP PARLÉ DE CET ENDROIT...
POURQUOI IL EST AUSSI GENTIL AVEC MOI ?
J'AI AU MOINS 1 H 20 DE RETARD...
POURQUOI N'EST-IL PAS FÂCHÉ ?

QU'Y A-T-IL, SEONJEONG ?
J'AI FAIT QUELQUE CHOSE QUI NE FALLAIT PAS ?
OUI, VOUS ÊTES ÉTRANGEMENT GENTIL.
NON, RIEN, C'EST JUSTE QUE...
JE SUIS DÉSOLÉE...
!

VOUS N'AVEZ PAS À ÊTRE DÉSOLÉE !
J'AURAIS DÛ CONFIRMER L'HEURE DU RENDEZ-VOUS AVEC VOUS.
C'EST MA FAUTE.
MERCI...
MERCI À VOUS.
CE MEC EST VRAIMENT TROP BIZARRE...
HAHA
HAHAHA
COMMENT UN TEL ANGE A PU ME FAIRE POIREAUTER PLUS D'UNE HEURE ?

D'AILLEURS...
JE VOIS QU'ELLE S'EST MAQUILLÉE ET A ONDULÉ SES CHEVEUX.
ELLE AURAIT PU S'EN PASSER SI ELLE ÉTAIT EN RETARD.
JE NE PENSAIS PAS QU'ELLE AVAIT AUSSI PEU DE CONSIDÉRATION.
SI CE N'ÉTAIT PAS POUR LA PEINTURE, JE SERAIS PARTI DEPUIS LONGTEMPS.
JE SUIS FATIGUÉ...
MIAM
NON MAIS, C'EST QUOI CE RESTAURANT ?
JE N'AURAIS JAMAIS DÛ LUI DIRE QUE J'AIMAIS MANGER VÉGAN...
C'EST INSIPIDE ET IL N'Y A QUE DES LÉGUMES.
JE VEUX DE LA VIANDE, MOI...
IL FAUT QUE JE ME FORCE À AVALER.
SNIF

ON DIRAIT DE LA NOURRITURE POUR VACHE !
SCRUNCH
SCRUNCH
ÇA N'A AUCUN GOÛT...
QUELLE HORREUR...
DU STEAK !
JE VEUX DE LA VIANDE !
MIAM !
SCRUNCH
SCRUNCH
SCRUNCH
SCRUNCH
SCRUNCH

JUSQU'À QUAND ON VA DEVOIR S'INFLIGER ÇA ?
MAINTENANT QU'ON EST OFFICIELLEMENT ENSEMBLE...
JE DEVRAIS POUVOIR PASSER À LA VITESSE SUPÉRIEURE.
VOUS AVEZ DES PLANS POUR CES VACANCES ?
JE SUIS TOUT LE TEMPS EN VACANCES.
DONC VOUS N'AVEZ RIEN DE PRÉVU ?
MALHEUREUSEMENT, NON...

ALORS...
QUE DIRIEZ-VOUS DE PARTIR EN VOYAGE AVEC MOI ?
WIP
GLOU GLOU

CHAPITRE 29

SÉRIEUSEMENT ?
OH
EN VOYAGE ?
PAS TRÈS LOIN, JE VOUS RASSURE.
COMME JE SUIS LIBRE LA SEMAINE PROCHAINE...
JE PENSAIS PROFITER DE L'OCCASION POUR FAIRE UN TOUR À BUSAN ET RESPIRER L'AIR MARIN.
BUSAN ?
C'EST QUAND MÊME À L'AUTRE BOUT DU PAYS...

JE N'Y AI JAMAIS ÉTÉ, SAUF AVEC MA FAMILLE !
D'ACCORD !

VOUS CONNAISSEZ BIEN LA VILLE ?
ON PRENDRAIT LE PREMIER AVION LE MATIN ET ON RENTRERAIT LE SOIR. COMME ÇA, PAS D'INQUIÉTUDE.

JE L'AI SEULEMENT VUE DANS LE CADRE DE MON TRAVAIL...
MAIS JE NOUS TROUVERAI DES ENDROITS SYMPAS À VISITER.
ON POURRAIT ALLER SE BAIGNER, SI ON A LE TEMPS.
IL FAUDRAIT Y PASSER LA NUIT POUR PROFITER DE LA PLAGE...
MAIS J'IMAGINE QUE CE SERAIT COMPLIQUÉ POUR VOUS.

DÉSOLÉE.
NON, C'EST NORMAL, MERCI D'ACCEPTER DE M'ACCOMPAGNER.
MOI AUSSI, JE VAIS TROUVER QUELQUE CHOSE À FAIRE.
ET ALLONS GOÛTER LE FAMEUX RAGOÛT AU PORC.
ÇA VOUS DIRAIT D'ALLER FLÂNER AU GRAND MARCHÉ ?
PARFAIT.
IL VA FAIRE UNE CHALEUR AFFREUSE...
ET ELLE VEUT QU'ON AILLE SE PROMENER À L'EXTÉRIEUR ?

ELLE ESSAIE DE ME TUER OU QUOI ?
DU RAGOÛT AU PORC ?
AH OUI, SUPER...
AAH
AVEC CETTE CHALEUR, MON MAQUILLAGE VA COULER...
PLUS LE TEMPS PASSE ET PLUS J'AI DU MAL AVEC LUI.

Lounge Bar
Insomnia
BOSS, TENEZ...
QU'EST-CE QUE C'EST ?
EUH...
EN FAIT...
QUELLE NUMÉRO ?
TU VEUX QUE JE L'APPORTE À LA TABLE ?
HYUNSIK EST PARTI EN PAUSE ?
FWIT
NON, EN RÉALITÉ...
C'EST CE MONSIEUR QUI VOUS L'OFFRE.
?

MAIS..!
C'EST ENCORE CE TYPE ?!
C'EST QUOI SON PROBLÈME AU JUSTE ?
IL A L'AIR D'ÊTRE UN MEC NORMAL, EN PLUS...
JE VOUS LES OFFRE ET VOUS RAPPORTE VOTRE COMMANDE.
DEPUIS CE JOUR, IL EST VENU À PLUSIEURS REPRISES.
SANS RELÂCHE...
POUR ME DRAGUER.
SANS SE SOUCIER DE ME GÊNER OU NON.
IL N'EN FAIT QU'À SA TÊTE.

JUSQU'ICI JE L'AI IGNORÉ COMME C'EST UN CLIENT, MAIS LÀ...
JE VAIS DEVOIR ÊTRE CLAIRE.

C'EST QUOI CE SERVICE À LA NOIX ?!
COMMENT ?
BAM
C'EST POUR ÇA QUE VOUS ÊTES PAYÉ ?!
HEIN ?!

JE TE PAIE !
ET VA M'ACHETER MES CLOPES !
AU LIEU DE TREMBLER !
BRR
BRR
JE... JE...
DONC FAIS TON TRAVAIL !
TU VAS ME FAIRE ATTENDRE ENCORE LONGTEMPS ?!
C'EST LA CHALEUR QUI MONTE À LA TÊTE DES GENS AUJOURD'HUI ?

TAP
TAP
EUH, JE...
QUE SE PASSE-T-IL, HYUNSIK ?
LE CLIENT VEUT QUE J'AILLE LUI ACHETER DES CIGARETTES...
JE LUI AI DIT QUE JE N'AVAIS PAS LE DROIT, MAIS IL S'EST ÉNERVÉ...
MONSIEUR, NOTRE BAR EST NON-FUMEUR.
JE VOUS INVITE À ALLER FUMER À L'EXTÉRIEUR.
IL Y A UNE SUPÉRETTE JUSTE À CÔTÉ.
VOUS POUVEZ ACHETER VOS CIGARETTES LÀ-BAS.
ARGH
MAIS JE VOUS PAIE !
C'EST QUOI LE PROBLÈME ?!

JE SUIS DÉSOLÉE, NOUS NE POUVONS PAS ACCEPTER.
POUR NOUS EXCUSER DE LA GÊNE, NOUS VOUS OFFRIRONS UN PLAT D'ACCOMPAGNEMENT.
MERCI DE VOTRE COMPRÉ-HENSION.
VOUS NE SAVEZ PAS QU'ON EST DES CLIENTS RÉGULIERS ?!
NON, C'EST LA PREMIÈRE FOIS QUE JE VOUS VOIS.
SI ON AVAIT SU, ON AURAIT ÉTÉ DANS LE BAR D'À CÔTÉ !
ALORS ALLEZ-Y !
AU LIEU DE NOUS CASSER LES OREILLES !
QUOI ?!
MAIS ELLE SE PREND POUR QUI, CETTE VIEILLE ?!

CETTE... VIEILLE ?
ET VOUS, ALORS ?!
VOUS VOUS ÊTES REGARDÉ DANS UNE GLACE AVEC VOS SALES TRONCHES ?!
ET NE ME TUTOYEZ PAS !
FWOUSH
ELLE EST SÉRIEUSE ?
JE RÊVE !
ARRÊTEZ DE FAIRE VOTRE CINÉMA MAINTENANT.
ET ALLEZ VOIR AILLEURS SI J'Y SUIS.
MERCI D'AVOIR CHOISI NOTRE BAR.
AU REVOIR.

MAIS ILS LES ONT TROUVÉS OÙ CES SERVEURS ?!
ARGH
APPELLE-MOI TON PATRON !
PAS BESOIN !
FWIP
C'EST...
VOUS ME CHERCHEZ ?
C'EST MOI LE PATRON.
QUE SE PASSE-T-IL ?

SI MON EMPLOYÉE A CAUSÉ LE MOINDRE SOUCI, JE TIENS D'ABORD À M'EN EXCUSER.
MAINTENANT, JE PROPOSE QU'ON SE CALME TOUS...
keep calm and
beer people
QU'ON SE CALME ?!
CLEAN FRESH BEER
ENCORE DÉSOLÉ POUR LE DÉSAGRÉMENT.
WIP
UN NOUNOURS ?
DÉSIREZ-VOUS UNE AUTRE TOURNÉE ?
OU PRÉFÉREZ-VOUS QU'ON VOUS APPORTE L'ADDITION ?
FWIP
ARGH
JE SUIS SAOULÉ...

FWIT
FWIT
TAP
COMMENT ON PEUT CONTINUER À BOIRE DANS CE TROU ?
CASSONS-NOUS.
EUH, MESSIEURS...

VOTRE ADDITION...
SÉRIEUSEMENT ?!
GRRR
VOUS VOULEZ QU'ON PAIE L'ADDITION , EN PLUS ?!
C'EST QUOI, CETTE ARNAQUE ?!

VAS-Y, FILME !
VOTRE BAR VA FAIRE FAILLITE, VOUS ALLEZ VOIR !
ON VA LES AFFICHER SUR LES RÉSEAUX !
VOUS ALLEZ LE REGRETTER !
GRRR
J'ALLAIS PRENDRE SUR MOI.
MAIS LÀ, VOUS DÉPASSEZ LES BORNES.

VOUS ALLEZ FAIRE QUOI, HEIN ?!

CHAPITRE 30

ELLE EST FOLLE, CELLE-LÀ.
C'EST QUOI, TON PROBLÈME ?!
MON PROBLÈME ?!
ON EST PAS VOS ESCLAVES !!
EUH...
DU CALME, PATRONNE !

OUI, CALMEZ-VOUS.
JE VAIS M'OCCUPER D'EUX...
MAIS LÂCHE-MOI, PAUVRE TYPE !
DE QUOI JE ME MÊLE ?!
PAUVRE TYPE...
SNIF...
ACCOMPAGNEZ-LA.
ET DONNEZ-LUI UN VERRE D'EAU.
VENEZ, PATRONNE.
PAF
PAF
MAIS LÂCHEZ-MOI !
NON MAIS !
LÂCHE-MOI !
ALLONS DISCUTEZ À L'EXTÉRIEUR, SI VOUS VOULEZ BIEN.
VOUS N'AUREZ PAS À PAYER L'ADDITION.
FALLAIT LE DIRE PLUS TÔT !

ARGH
TU TE PRENDS POUR QUI POUR DÉCIDER ÇA ?!
ILS ONT INTÉRET À PAYER !
RIEN QUE POUR MONTRER L'EXEMPLE !
JE NE LAISSERAI RIEN PASSER À DE TELS TYPES !
PAYEZ IMMÉDIATEMENT VOTRE ADDITION !
COMMENT CETTE FEMME PEUT ÊTRE LA PATRONNE ?
ELLE A DÛ SÉDUIRE UN VIEUX RICHE POUR SE L'ACHETER.

PAUVRE MEUF.
DITES...
AYEZ AU MOINS LA DÉCENCE DE PARTIR DANS LE SILENCE.
STOP
OU ALORS C'EST UNE FILLE À PAPA.
ENFIN, VU COMMENT ELLE EST BIEN FOUTUE...
HÉ HÉ
ÇA DOIT ÊTRE UN SUGAR DADDY.
QUI SERAIT SÉDUIT PAR UNE MOCHETÉ PAREILLE ?
PFF

GROAR
VOUS AVEZ DIT QUOI ?
RÉPÉTEZ POUR VOIR.

BRR
BRR
OUH LÀ...
POURQUOI EST-CE QU'ON RÉPÉTERAIT ?
T'ES BOUCHÉ OU QUOI ?
RÉPÉTEZ.
POUR VOIR.
LAISSE-LE...
NON, IL ME SAOULE.
FWIT

J'AI DIT QUE C'ÉTAIT UNE MOCHETÉ.
ET ALORS ?
POURQUOI TU ME REGARDES COMME ÇA ?
GRR
T'ES SON MAC OU QUOI ?
FWOUSH
PAF

OH !
J'AURAIS DÛ PARTIR.
강력 3팀
강력 4팀
인권 공정 친절
SIGNEZ ICI.

공정
친절
MAIS JE N'AI RIEN FAIT !
QUAND ON CONSOMME QUELQUE CHOSE, ON LE PAIE.
FFT FFT
TAISEZ-VOUS À LA FIN !
VOUS AURIEZ DÛ PAYER L'ADDITION AU LIEU DE FAIRE UN SCANDALE !
MONSIEUR JI.
VOUS AUSSI, SIGNEZ ICI.
VOUS ÊTES TOUT AUSSI RESPONSABLE.

J'AURAIS DÛ ME RETENIR.
C'EST QUOI, ÇA ?! SECRÉTAIRE JI !
LE SECRÉTAIRE DU DIRECTEUR DES HÔTELS YUIL ARRÊTÉ POUR AGRESSION
AH...

C'EST BON, MAINTENANT ?
IL NE SERA PAS POURSUIVI EN JUSTICE ?
FWIT
NON, ILS ONT SIGNÉ UN ACCORD.
SUPER ! TENEZ, DU CAFÉ POUR VOUS !
CE N'ÉTAIT PAS LA PEINE.
ZUT
J'INSISTE, VOUS AVEZ EU DU PAIN SUR LA PLANCHE AVEC CES...
CHARMANTES PERSONNES.

GLOUPS
AVANT QU'IL N'Y AIT UNE AUTRE BAGARRE.
TAC
NOUS ALLONS VOUS LAISSER.
VENEZ AVEC MOI...
PAR CHANCE, IL N'Y A PAS EU TROP DE COMPLICATIONS.
HAA
POURQUOI LES AVEZ-VOUS FRAPPÉS AVEC VOTRE GRAND GABARIT ?
DÉSOLÉ.

ÇA VA ?
OUI.
VOUS AVEZ UNE ÉGRATIGNURE SUR LE VISAGE, ATTENDEZ.
...
METTEZ ÇA.
FWIT

VOUS LEUR AVEZ DONNÉ COMBIEN POUR LES FRAIS MÉDICAUX ?
JE VAIS VOUS REMBOURSER LA MOITIÉ.
CE N'EST PAS NÉCESSAIRE.
SI, SI, J'INSISTE.
VOUS AVEZ FAIT ÇA POUR M'AIDER.
JE PEUX VOUS FAIRE UN VIREMENT.

C'EST GENTIL, MAIS NON MERCI.
CE N'EST PAS LA PEINE.
NOUS ALLONS PAYER.
L'ERREUR EST HUMAINE APRÈS TOUT.
NOUS SOMMES DES GENTLEMENS.
HA HA
HA HA !
DÉCIDÉMENT, VOUS ÊTES UN VRAI GENTLEMAN.
C'EST QUOI VOTRE NOM DÉJÀ ?

SEUNGHOON JI.
MOI, C'EST EUNHA JO !
ON DEVRAIT ALLER MANGER UN BOUT ENSEMBLE UN DE CES QUATRE.

CHAPITRE 31

C'EST LA PREMIÈRE FOIS QUE JE GOÛTE UN CAFÉ AUSSI BON !
OUI, IL EST DÉLICIEUX !
HAHA
C'EST DU JUS DE CHAUSSETTE, OUI...
C'EST LE PIRE CAFÉ QUE J'AI BU DE MA VIE.
HAHA
IL EST TARD... ON PEUT Y ALLER SI VOUS VOULEZ ?
OUI, MAIS C'EST MOI QUI OFFRE AUJOURD'HUI !

JE VAIS VOUS RACCOMPAGNER CHEZ VOUS.
PAS BESOIN, JE SUIS VENUE EN VOITURE.
AH BON ? ALORS, JE VOUS ACCOMPAGNE AU PARKI...
ELLE EST GARÉE JUSTE LÀ !
C'EST...
UNE PORSCHE ?

OUPS! : J'AI EU UN PETIT ACCIDENT DE VOITURE. ÇA COÛTE COMBIEN DE RÉPARER LE PARE-CHOC D'UNE PORSCHE ?
ÉRU I O : SÛREMENT UN BRAS !
OUPS! : C'EST BIEN CE QU' IL ME SEMBLAIT. EN PLUS, LA PORSCHE, C'EST MA VOITURE.
ATTENDS...

BABOLIM
RIEN DE GRAVE ?
ET J'AI EU UN ACCIDENT DE VOITURE.
NON, J'ÉTAIS EN ROUTE VERS RESTAURANT
BABOLIM
QUOI ?
VOUS N'AVEZ PAS ÉTÉ BLESSÉE ?
UN ACCIDENT DE VOITURE ?!
VOUS ALLEZ BIEN ?
EUH...
BABOLIM
NON, C'ÉTAIT UN PETIT ACCIDENT. J'ATTENDAIS À UN FEU ROUGE, ET...
UNE VOITURE M'EST RENTRÉE DEDANS...
BABOLIM
MON PARE-CHOC A PRIS UN COUP, MAIS PAS DE BLESSÉ.
BABOLIM
ALORS TANT MIEUX.
ELLE N'A PAS L'AIR TRÈS AFFECTÉE...
BABOLIM

HOJIN !
OH
ÇA NE VA PAS ?
HEIN ?
ELLE NE SERAIT PAS...
TOUT VA BIEN.
NON, IMPOSSIBLE...

NON MAIS... IL M'A DIT DE ME CALMER.
ET C'EST LUI QUI A FINI PAR PERDRE SON SANG-FROID.
IL LUI A DONNÉ UN COUP DE POING EN PLEINE FIGURE !
QUOI ?!
AU CLIENT ?
OUI, ET IL NE L'A PAS RATÉ.
IL SAIGNAIT DE PARTOUT.
BAM
IL A MÊME FINI AU POSTE DE POLICE.
QUELLE HISTOIRE...
LE CLIENT A PORTÉ PLAINTE ?
NON, HEUREUSEMENT...
ILS ONT TROUVÉ UN ACCORD.
JE M'EN SERAIS VOULU S'IL AVAIT EU UN CASIER JUDICIAIRE À CAUSE DE MOI.

ALORS, TOUT EST BIEN QUI FINIT BIEN.
OUI, SURTOUT QU'IL A FAIT ÇA POUR M'AIDER…
LE CLIENT A FAIT DES SOUS-ENTENDUS BIZARRES ET IL NE L'A PAS SUPPORTÉ…
IL A PRIS MA DÉFENSE…
DZZ
ELLE N'ARRÊTE PAS DE PARLER DE LUI…
ALORS QU'ON SE CONNAÎT À PEINE…
OH
NE ME DIS PAS QUE…!
QUOI ?! NON ! N'IMPORTE QUOI !
JE N'AI MÊME PAS TERMINÉ MA PHRASE.

HA HA HA
EUH...
IL TE PLAÎT, C'EST ÇA ?
M... MAIS PAS DU TOUT !
ARGH
ALORS POURQUOI TU BÉGAYES ?
...
FINALEMENT, IL N'EST PAS SI MAL...
IL N'Y A PAS SI LONGTEMPS, TU PLEURAIS ENCORE TON EX.
ON DIRAIT QUE TU AS TOURNÉ LA PAGE.

POUR L'INSTANT, IL N'Y A RIEN ENTRE NOUS !
J'AI JUSTE SUGGÉRÉ QU'ON AILLE DÎNER ENSEMBLE UN DE CES QUATRE.
MAIS POURQUOI JE SUIS TOUJOURS ATTIRÉE PAR CE GENRE DE MEC ?
BLUSH
IL T'A PROTÉGÉE, C'EST NORMAL DE TOMBER SOUS SON CHARME.
C'EST ROMANTIQUE.
QUAND J'Y PENSE, HOJIN A AUSSI UN CÔTÉ PROTECTEUR...

IL EST GALANT, POLI... TRÈS POLI...
TROP POLI...
D'AILLEURS, ÇA SE PASSE COMMENT AVEC TON ÉRU I O ?
CLIC
COMMENT ÇA ?
BAH... TON ENQUÊTE, ELLE EN EST OÙ ? TU AS RÉUSSI À LE RENCONTRER ?
VOIR TOUT
CLIC
HOT ADIEUX MES VACANCES. [24
HOT J'AI ENTENDU UN PET MAIS JE SUIS TOUT SEUL
HOT MA SOIRÉE FOIRÉE AU KARAOKÉ. [9]
1 AIDEZ-MOI À TROUVER UN RESTO. [1]
2 BONJOUR TOUT LE MONDE, ENCHANTÉ !
CLIC
J'AI ESSAYÉ DE LE PROVOQUER, SANS SUCCÈS.
ON DIRAIT QUE CE N'EST PAS LUI, MAIS JE VAIS CONTINUER À L'OBSERVER...
FORUM >
DIEUX MES VACANCES.
[BIENTÔTENVACS]
PUBLIÉ LE 28/07/20XX À 18H56, 123 VUES
MES CONGÉS ONT ÉTÉ ANNULÉS À LA DERNIÈRE MINUTE... ALORS QUE J'AVAIS TOUT RÉSERVÉ POUR MES VACANCES. J'AI ENVIE DE TOUT PÉTER !!!
JE ME DOUTAIS QUE CE NE SERAIT PAS FACILE.

VOILÀ POURQUOI IL NE FAUT PAS METTRE LA CHARRUE AVANT LES BŒUFS, M. BIENTÔT-ENVACS.
TSS
TSS
LES VACANCES, C'EST UN ÉTAT D'ESPRIT !
QUAND J'ÉTAIS PETITE, JE TROUVAIS TOUJOURS UN MOYEN DE M'AMUSER !
GLOU
GLOU
VA TE BAIGNER DANS UN RUISSEAU !
JOUE AVEC DES GALETS !
TCHAC
OUPS
VOLE UNE PASTÈQUE DANS UN CHAMP SI TU AS FAIM !

AH OUAIS, CARRÉMENT...
ÇA DOIT DATER, NON ?
[BIENTÔTENVACS]
[HAUTMAGE]
MAIS POURQUOI ILS ONT ANNULÉ TES CONGÉS ?
[GLOUTONNE]
TU ES NOUVEAU DANS TA BOÎTE ?
MA MANAGER A DÛ PARTIR AUX ÉTATS-UNIS CAR SA FILLE A ACCOUCHÉ PLUS TÔT QUE PRÉVU.
DU COUP, ILS ONT ÉCHANGÉ MES CONGÉS AVEC LES SIENS.
ILS VONT ME REMBOURSER MES FRAIS, MAIS...

CE N'EST PAS UNE QUESTION D'ARGENT.
SNIF
J'AVAIS UN CONCERT SUPER IMPORTANT DE PRÉVU.
PAUVRE PETIT.
HUMPF...
TU PARS EN VACANCES CET ÉTÉ, TOI ?
PUISQUE TU ES SUPER RICHE, TU DOIS AVOIR UN JET PRIVÉ.
J'IMAGINE QUE TU PARS TOUS LES ANS AU SOLEIL.
PEUT-ÊTRE BIEN QUE OUI, PEUT-ÊTRE BIEN QUE NON.
HÉ HÉ
BIENTÔTENVACS 20XX.10.19 19:04 RÉPONDRE
ÇA VEUT DIRE QUOI ?
TU PARS EN VACANCES OU PAS ?
ÉRU10 20XX.10.19 19:04 RÉPONDRE
QUI SAIT ?

IL EST VRAIMENT DUR À PIÉGER...
CLIC
CLIC
ET ÇA SE PASSE COMMENT AVEC HOJIN ?
DEPUIS LE TEMPS, IL SERAIT TEMPS DE PASSER À LA VITESSE SUPÉRIEURE.
À QUI LE DIS-TU.
RIEN DE NOUVEAU.
IL EST TOUJOURS AUSSI PEU ENTREPRENANT ?
QU'EST-CE QU'IL ATTEND ?
ET SI TU TROUVAIS UN MOYEN D'ACCÉLÉRER LES CHOSES ?
DU STYLE "PERDUS DANS UNE FORÊT ET OBLIGÉS DE PASSER LA NUIT ENSEMBLE".

ÇA VA PAS BIEN, TOI ?
OUI, ÇA PEUT ÊTRE DANGEREUX…
EN FAIT…
IL M'A PROPOSÉ DE L'ACCOMPAGNER À BUSAN.
OH !
ALORS TU VAS ENFIN PASSER À LA CASSEROLE.
QUOI ?
MAIS N'IMPORTE QUOI !

CHAPITRE 32

김해국제공항
KIMHE-INTERNATIONAL AIRPORT
ÇA FAIT LONGTEMPS QUE JE NE SUIS PAS ALLÉE À BUSAN.
JE SUIS VRAIMENT TRÈS CONTENTE D'ÊTRE ICI AVEC VOUS !
POUR MOI AUSSI, C'EST UN PLAISIR.
C'EST DOMMAGE DE NE RESTER QU'UNE JOURNÉE, MAIS...
J'AI LISTÉ LES MEILLEURS ENDROITS À VISITER POUR PROFITER DE LA VILLE.
MERCI D'AVOIR PRIS LE TEMPS DE TOUT PRÉPARER.
C'EST NORMAL.
J'AI FAIT CROIRE À MA MÈRE QUE JE PARTAIS EN VOYAGE AVEC MES AMIES.
DONC PAS D'INQUIÉTUDE À AVOIR !
VOUS POUVEZ TENTER VOTRE CHANCE, HOJIN.

ON COMMENCE PAR QUOI ?
ON VA CHERCHER LA VOITURE DE LOCATION ET JE VOUS EMMÈNE AU GRAND MARCHÉ.
VOUS AVIEZ DIT QUE VOUS VOULIEZ Y ALLER LA DERNIÈRE FOIS.
VOUS VOUS EN SOUVENEZ ?
EH OUI, J'AI TOUT PRÉVU POUR QUE LA JOURNÉE SOIT CHARGÉE...
ET QU'ON RATE L'AVION DE CE SOIR.
ROU
ROU
ROU
ROU
CE N'EST QUE LE DÉBUT ET JE ME SENS DÉJÀ MAL À L'AISE...
ÇA VA ÊTRE UNE LONGUE JOURNÉE...
ROU
ROU
ROU
ROU
ROU

C'EST UN PARC CHARMANT, N'EST-CE PAS ?
HAHA
HAHA
TOUT À FAIT.
EH, LES TOURTEREAUX !
Y VIENNENT D'OÙ ?
COMMENT ?
C'EST À NOUS QU'ILS PARLENT... ?
DE SÉOUL.
Z'AVEZ BIEN FAIT DE VENIR VISITER NOTRE VILLE !
Y A PLEIN D'BONNES ADRESSES POUR MANGER !
J'VOUS CONSEILLE LE MARCHÉ AUX POISSONS ! PEUT BOIRE POUR PAS TROP CHER !

HA HA
PEUT-ÊTRE MÊME QU'ÇA POURRA DÉTENDRE L'ATMOSPHÈRE !
HA HA...
HA HA...
LAISSE LES JEUNES TRANQUILLES.
POURQUOI TU T'MÊLES DE LEURS HISTOIRES ?
MONSIEUR J'SAIS-TOUT.
QUOI ?!
EH, LES JEUNES !
NE L'ÉCOUTEZ PAS ET FAITES C'QUE VOUS VOULEZ.

ARGH
POURQUOI TU M'CASSES LES OREILLES D'SI BON MATIN ?
C'TOI QUI ME CASSES LES OREILLES !
QUI T'A DEMANDÉ DE LES DÉRANGER ?! LAISSE-LES !
C'T'UN CRIME DE VOULOIR LES AIDER ?!
VIEUX SCHNOCK !
VIEUX SCHNOCK ?! T'PRENDS POUR QUI ?
ET TOI, TU T'PRENDS POUR QUI ?!
!!
!!

ÇA ALORS...
JE N'AI PRESQUE RIEN COMPRIS À CAUSE DE LEUR ACCENT.
MOI NON PLUS, JE COMPRENAIS UN MOT SUR DEUX.
MAIS C'ÉTAIT HILARANT.
HAHA
OUI.
...
PFFT

TRENTE MINUTES PLUS TARD
C'EST QUOI, CETTE CHALEUR... ?
JE TRANSPIRE DE PARTOUT...
SHH
SHH
SHH
SHH
POURQUOI VOULAIT-ELLE QU'ON VISITE LA VILLE EN PLEIN ÉTÉ ?
QU'EST-CE QUI NE TOURNE PAS ROND CHEZ ELLE ?
SHH
SHH
SHH
ARGH
J'AI PROPOSÉ QU'ON VISITE LE GRAND MARCHÉ PARCE QUE JE NE CONNAISSAIS QUE ÇA À PART LA PLAGE...
POURQUOI IL L'A PRIS AU PIED DE LA LETTRE ?
ARGH
PUISQU'ON S'EST LEVÉS TÔT, VOUS DEVEZ AVOIR FAIM...
UN PEU OUI, ET VOUS ?

ALORS ON PEUT ALLER DÉJEUNER, SI ÇA VOUS VA ?
FWIT
TRÈS BONNE IDÉE !
RESTAURANT AUTOUR DE VOUS
AVIS 253
JE VAIS REGARDER CE QU'IL Y A DANS LE COIN...
IL N'Y A QUE DES RESTAURANTS DE RAGOÛTS...
SHHHH
SHHHH
JE MEURS DE CHAUD !

J'EN PEUX PLUS...
POURQUOI JE SUIS AUSSI FATIGUÉ ALORS QUE LA JOURNÉE VIENT À PEINE DE COMMENCER ?
SHHH
SHHH
WOUP
HELP !
J'AI ENVIE DE RENTRER CHEZ MOI...
FUUU
FUUU
FAIT CHAUD, HEIN ?
L'AIR CONDITIONNÉE N'VEUT PAS FONCTIONNER AUJOURD'HUI.

J'SAIS PAS POURQUOI...
PLIC
SHHH
ENCORE DÉSOLÉE.
J'AI L'IMPRESSION QUE ÇA VA ÊTRE UNE JOURNÉE...
D'ENFER.
D'ENFER.
GLOU
GLOU
AU SENS LITTÉRAL DU TERME.
SHHHH

ÇA FAIT DU BIEN DE SORTIR.
OUI, ON DIRAIT QU'IL FAIT MOINS CHAUD.
VOUS ÊTES DÉJÀ ALLÉE DANS UN MARCHÉ ?
NON, C'EST LA PREMIÈRE FOIS...
ET VOUS ?
J'Y ALLAIS AVEC MA MÈRE QUAND J'ÉTAIS PETIT.
AH...
J'AI ENTENDU DIRE QUE SA MÈRE ÉTAIT DÉCÉDÉE QUAND IL ÉTAIT JEUNE...
EUH

JE N'AI QUE TRÈS PEU DE SOUVENIRS D'ELLE...
MAIS C'ÉTAIT UNE TRÈS BONNE CUISINIÈRE.
COMME J'ÉTAIS DIFFICILE AVEC LA NOURRITURE, ELLE CUISINAIT SOUVENT POUR MOI.
ELLE ALLAIT AU MARCHÉ POUR ACHETER TOUS LES PRODUITS FRAIS.
ET MÊME SI JE N'AIMAIS PAS LES PRODUITS DE LA MER...
ELLE FAISAIT DES CROQUETTES AU POISSON DÉLICIEUSES.
JE NE SAIS PAS CE QU'IL Y AVAIT À L'INTÉRIEUR, MAIS C'ÉTAIT MON PLAT PRÉFÉRÉ.
DONC C'EST GRÂCE À ELLE SI VOUS EN MANGEZ AUJOURD'HUI.
OUI, SÛREMENT...
HUM

CE REGARD...
BABOUM
IL ME FAIT DE LA PEINE...
IL VA FALLOIR QUE J'APPRENNE À CUISINER...
POUR VOUS PRÉPARER DES CROQUETTES AU POISSON À MON TOUR.

OH...
J'AI HÂTE DE LES GOÛTER.
BABOUM
BABOUM
ELLE EST TELLEMENT GENTILLE...
JE ME SENS COUPABLE DE PIÉGER UNE FEMME PAREILLE...
AÏE, MA CONSCIENCE...
?
MERCI, SEONGJEONG.
C'EST LE MOINS QUE JE PUISSE FAIRE.
GRÂCE À VOUS, JE SUIS À BUSAN...
ET JE PASSE UNE EXCELLENTE JOURNÉE.

CHAPITRE 33

JE N'AI AUCUNE IDÉE D'OÙ ON SE TROUVE, MAIS...
TANT MIEUX SI ELLE PASSE UNE BONNE JOURNÉE.
Gold
Silver
Ring
Necklace
Bracelet

QUELS JOLIS BIJOUX !
JE M'ATTENDAIS À CE QU'ELLE N'AIME QUE LES ARTICLES DE LUXE.
WAOUH !
DING

BONJOUR ! VOUS VOULEZ JETER UN COUP D'ŒIL À L'INTÉRIEUR ? IL Y A PLEIN D'AUTRES MODÈLES.
EUH...
ALLONS-Y, J'AIMERAIS VOUS OFFRIR QUELQUE CHOSE.
FWIP
C'EST VRAIMENT GENTIL...
BAM
LA BOUTIQUE PARAÎT ENCORE PLUS PETITE AVEC LUI À L'INTÉRIEUR.

REGARDEZ CELUI-LÀ, HOJIN.
BLING
IL EST TRÈS MIGNON.
C'EST JOLI, N'EST-CE PAS ?
VOUS L'AVEZ DANS UNE AUTRE COULEUR ET UNE TAILLE PLUS GRANDE ?
BIEN SÛR.

ENCORE MERCI DE PROPOSER DE ME LES OFFRIR. JE SUIS TOUCHÉE.

*NDT : moins de 20 euros.

JE PRENDS LES DEUX BRACELETS.
C'EST LE TOTAL POUR LES DEUX BRACELETS, MONSIEUR.
PAS 250 MAIS 25 000 WONS... ?
HEIN ?

BLING
JE VAIS VOUS AIDER À METTRE LE VÔTRE.
J'ADORE, ENCORE MERCI !
DE RIEN.

QU'EST-CE QU'ILS SONT BIEN ASSORTIS !
WAAOUH
OÙ ALLONS-NOUS MAINTENANT ?
BLING
ET SI ON ALLAIT AU MARCHÉ AUX POISSONS RECOMMANDÉ PAR LE MONSIEUR DE CE MATIN ?
OU ALORS, IL Y A UN ENDROIT QUE VOUS AIMERIEZ VISITER EN PARTICULIER ?
LE MARCHÉ AUX POISSONS, ÇA ME VA TRÈS BIEN.
PLOC
C'EST COMME VOUS PRÉF...

QU'Y A-T-IL ?
J'AI L'IMPRESSION D'AVOIR REÇU UNE GOUTTE SUR LA TÊTE.
?
BRAOUUM
ÇA SE COUVRE. ON DEVRAIT RETOURNER À LA VOITU...
SHHHHH
OH
필라테스
ÇA DOIT ÊTRE UNE PETITE AVERSE, ÇA VA PASSER.
OUI, SÛREMENT.

CINQ MINUTES PLUS TARD
HUM... ON DIRAIT QUE C'EST PLUS QU'UNE PETITE AVERSE.
OUI... QU'EST-CE QU'ON FAIT ?
JE VAIS CHERCHER UN PARAPLUIE. ATTENDEZ-MOI ICI.
TAP
TAP
TAP
ATTENDEZ !
TAP

OH
HOJIN...
HUMPF

VINGT MINUTES PLUS TARD
QU'EST-CE QU'IL FABRIQUE À LA FIN ?
IL EST PARTI LE CHERCHER À SÉOUL OU QUOI ?
OH...
FFT
DÉSOLÉ, JE VOUS AI FAIT BEAUCOUP ATTENDRE...
PLIC
PLOC
PLOC
PLIC
CE N'EST PAS GRAVE. MAIS POURQUOI VOUS AVEZ...?
HUM

LAISSEZ TOMBER !
ET SI ON ALLAIT VOIR LA MER POUR NOUS REMONTER LE MORAL ?
COMME VOUS VOULEZ.
VENEZ VOUS ABRITER SOUS LE PARAPLUIE.
EUH, HOJIN...
IL NE PLEUT PLUS DEPUIS UN MOMENT.
OUI ?
IL NE PLEUT PLUS ?!

...
AH OUI.
UN PARAPLUIE !
EXCUSEZ-MOI, ON EST OÙ ?
UN PARAPLUIE !
JE SUIS PERDU !
AH
JE VOULAIS PARAÎTRE COOL, MAIS...
JE NE PENSAIS PAS ME PERDRE...

OH !
...
FUUU
FUUU
C'EST PAS VRAI.

CHAPITRE 34

FWIP
JE VOIS, JE COMPRENDS.
ET VOUS POURREZ VENIR DANS COMBIEN DE TEMPS ?
AH OUI, QUAND MÊME...
VOUS POURRIEZ ESSAYER DE FAIRE PLUS VITE ?
AHH
JE VOIS, MERCI.

HUM
BABOUM
D'ACCORD...
BABOUM
IL FAIT ENCORE PLUS CHAUD À CAUSE DE L'HUMIDITÉ...
JE SUIS AVEC QUELQU'UN D'IMPORTANT, ALORS LE PLUS VITE SERAIT LE MIEUX.
IL A VRAIMENT UN CÔTÉ PROTECTEUR...

FWIP
OUF...
ILS VONT NOUS ENVOYER UNE NOUVELLE VOITURE LE PLUS RAPIDEMENT POSSIBLE.
POUF
ON DOIT JUSTE PATIENTER UN PEU.
FUUU
SON PARFUM SENT BON.
VOUS AVEZ L'AIR D'AVOIR CHAUD.
LA CLIMATISATION EST AU MAXIMUM POURTANT...
AH BON ?
VOUS ÊTES TOUTE ROUGE.
OH
ZUT, DEPUIS QUAND ?
QUAND IL A REMONTÉ SES MANCHES ?
OU QUAND J'AI REGARDÉ SES MUSCLES ?
OU QUAND IL A DIT QUE J'ÉTAIS QUELQU'UN D'IMPORTANT ?

VOUS VOULEZ BOIRE QUELQUE CHOSE DE FRAIS EN ATTENDANT ?
JE PEUX ALLER CHERCHER QUELQUE CHOSE.
NON, C'EST BON.
SI, VOUS AVEZ BESOIN DE VOUS HYDRATER...
CLAC
OH !
BABOUM
BABOUM
ÇA VA, JE VOUS DIS !
TCHAC
PUISQUE VOUS INSISTEZ...

FSHHH
POURQUOI JE SENS ENCORE SA MAIN... ?
FWIT
AU FAIT, LES CHOSES SE SONT ARRANGÉES AVEC VOTRE ACCIDENT DE VOITURE ?
OUI, HEUREUSEMENT.
C'ÉTAIT AVEC VOTRE PORSCHE ?
OUI.
UNE VOITURE VOUS ÉTAIT RENTRÉE DEDANS, C'EST ÇA ?

ATTENDS...
EST-CE QUE...?
OUPS! :
J'AI EU UN PETIT ACCIDENT DE VOITURE. ÇA COÛTE COMBIEN DE RÉPARER LE PARE-CHOC D'UNE PORSCHE ?
[ÉRU IO]
UNE PORSCHE, CARRÉMENT ?
HA HA
ÉRU I O :
SÛREMENT UN BRAS !
OUPS! :
C'EST BIEN CE QUI ME SEMBLAIT. EN PLUS, LA PORSCHE, C'EST MA VOITURE.
MAIS OUI, J'AI PARLÉ DE MON ACCIDENT SUR LE FORUM.

OUI, POURQUOI VOUS ME POSEZ TOUTES CES QUESTIONS ?
QUAND JE VOIS À QUEL POINT C'EST STRESSANT D'AVOIR DES PNEUS CREVÉS...
ALORS, J'IMAGINE QU'UN ACCIDENT DE VOITURE A VRAIMENT DÛ VOUS SECOUER.
AH...
JE NE SOUHAITE PAS QUE ÇA SE REPRODUISE.
MAIS SI VOUS AVEZ UN AUTRE ACCIDENT UN JOUR, APPELEZ-MOI.

J'ACCOURRAI POUR VENIR VOUS AIDER.
DORÉNAVANT, VOUS POURREZ TOUJOURS COMPTER SUR MOI.
PROTECTEUR
HOJIN...
BABOUM
BIEN RATTRAPÉ, ELLE N'Y A VU QUE DU FEU.
MAIS DÈS QUE J'AI MENTIONNÉ SA PORSCHE...
ELLE S'EST BIZARREMENT RENFERMÉE.
COMME SI ELLE ÉTAIT OUPS!...

D'AILLEURS, VOUS VOUS SOUVENEZ DE NOTRE VISITE AU CENTRE ?
OUI.
JE L'AI REVUE LÀ-BAS.
QUI ÇA ?
LA PERSONNE AVEC QUI J'AI EU UN ACCIDENT.
QUOI ?
OUI, ON S'EST RECROISÉES QUAND JE VOUS ATTENDAIS.
ÉVIDEMMENT, CE N'EST QU'UN PUR HASARD...
MAIS C'EST COMME SI ON ÉTAIT LIÉES PAR LE DESTIN.
CETTE PERSONNE TRAVAILLE AU CENTRE ?
DU COUP, ON A DÉCIDÉ DE GARDER CONTACT ET JE VAIS MÊME ALLER L'AIDER AU CENTRE.

OUI, C'EST QUELQU'UN DE TRÈS GENTIL.
EST-CE QUE C'EST... UN HOMME ?
HAHA
FWIT
ET SI C'ÉTAIT LE CAS ?

SÉR EUX
JE NE CROIS PAS VRAIMENT EN L'AMITIÉ HOMME-FEMME.
HA HA
JE PRÉFÉRERAIS QUE VOUS ARRÊTIEZ DE LE VOIR.
ET SI JE NE VOUS ÉCOUTAIS PAS...
ET INSISTAIS POUR RESTER SON AMIE ?
ALORS J'IRAIS LE TROUVER MOI-MÊME POUR QU'IL ARRÊTE DE VOUS VOIR.
HUM
VOUS FERIEZ COMMENT ?
VOUUUH
J'EMPLOIERAIS TOUS LES MOYENS NÉCESSAIRES JUSQU'À CE QU'IL ABANDONNE.

VOUS IRIEZ AUSSI LOIN...?
BRR
HUM
PARCE QUE QUAND J'AI OBJECTIF, JE NE RECULE DEVANT RIEN.
ET...
OUI.
POURQUOI ?
!
VOUS N'EN AVEZ PEUT-ÊTRE PAS CONSCIENCE, MAIS...
MON OBJECTIF, C'EST VOUS.
HEIN...?
VOUUUH
C'EST FLATTEUR, MAIS...
J'AI L'IMPRESSION...

MON OBJECTIF, C'EST VOUS.
HIC !
C'EST UNE FILLE, NE VOUS INQUIÉTEZ PAS.
D'ÊTRE UNE PROIE FACE À UN PRÉDATEUR.
ALORS, TANT MIEUX.

CHAPITRE 35

NOUVELLE VOITURE
MIAM
MIAM
MIAM
FSHHH
LA JOURNÉE EST PASSÉE VITE.
OUI, QUEL DOMMAGE.

LA DIGESTION EST EN TRAIN DE M'ACHEVER.
JE VEUX JUSTE RENTRER...
PFF
FINALEMENT...
JE NE SAIS PAS SI C'EST UNE BONNE IDÉE DE PASSER LA NUIT ICI.
PFF
C'EST UNE FEMME PRUDE, ÇA POURRAIT LA REBUTER.
JE NE DIS PAS ÇA PARCE QUE JE SUIS FATIGUÉ.
PAS DU TOUT...
REVENONS ICI UNE PROCHAINE FOIS.
OUI, J'AI DÉJÀ HÂTE.
LA PROCHAINE FOIS, J'AURAI UN MEILLEUR PROGRAMME.

JE SUIS SÛRE QUE JE VAIS ADORER.
MERCI.
JE VOUS EN PRIE.
SHHH
TAP
TAP
OH MAIS ! C'EST TOI, HOJIN ?
QU'EST-CE QUE TU FAIS LÀ, YEONGJUN ?
DOUM
CETTE VOIX INSUPPORTABLE...
JE SUIS EN DÉPLACEMENT POUR LE TRAVAIL.

HUM
MOI AUSSI.
ET TOI ? QU'EST-CE QUI T'AMÈNE À BUSAN ?
AH OUI ? TU RENTRES QUAND ?
ON PEUT ALLER SE BOIRE UN VERRE.
JE SUIS AVEC YUSIK, MAIS IL VEUT SOI-DISANT FAIRE ATTENTION À SON FOIE.
...
DÉSOLÉ, MAIS JE DOIS RENTRER À SÉOUL.
UNE PROCHAINE FOIS.
D'ACCORD.
ON SE VERRA À LA RÉUNION DE FAMILLE DE TOUTE FAÇON.

AH, OUI...
J'AVAIS OUBLIÉ QU'IL Y EN AVAIT UNE PROCHAINEMENT.
QUELLE HORREUR.

ON M'A DIT QUE ÇA SE PASSAIT BIEN POUR LES HÔTELS.
TU FAIS DU BON TRAVAIL APPAREMMENT.
AH BON ?
TU TENTES PLEIN DE NOUVELLES CHOSES, COMME AVEC LE SERVICE DE RESTAURATION.
JE NE M'ATTENDAIS PAS À ÇA.
C'EST BIEN, CONTINUE.
HA HA
HA HA
HA HA
IL EST TOUJOURS AUSSI CONDESCENDANT.
JE REÇOIS LES COMPLIMENTS DU VICE-PRÉSIDENT DU GROUPE EN PERSONNE ?
C'EST UN TEL HONNEUR.

C'EST VRAI QUE JE FAIS RAREMENT DES COMPLIMENTS.
JE NE PEUX QUE T'ENCOURAGER À CONTINUER.
ALLEZ, SALUT...
AH OUI, AUSSI ! L'AUTRE JOUR...
FWIP
QUEL CARACTÈRE DE COCHON.
BAM

BON SANG...
CALME-TOI, HOJIN...
HOJIN !
TAP
TAP
JE VOUS CHERCHAIS.
DÉSOLÉE.
J'AI PRIS BEAUCOUP DE TEMPS ?

RETOUCHE MAQUILLAGE EXPRESS
MAX
POUF
POUF
JE ME SUIS PRESSÉE POURTANT.
OUI, JE N'AI ATTENDU QUE ÇA DANS MA VIE.
JE VAIS ENFIN POUVOIR BATTRE MON COUSIN...
GRÂCE À VOUS.
ON DEVRAIT SE DÉPÊCHER.
SINON ON VA RATER L'AVION.
NE VOUS INQUIÉTEZ PAS, ON ARRIVERA À L'HEURE.
FAITES-MOI CONFIANCE.
ZUT ALORS...
JE SUIS DÉSOLÉ.

JE NE PENSAIS PAS QUE ÇA PRENDRAIT AUTANT DE TEMPS.
OH NON !
CE N'EST PAS VOTRE FAUTE.
ON NE POUVAIT PAS PRÉVOIR QU'IL Y AURAIT AUTANT DE BOUCHONS.
DES BOUCHONS, TU PARLES...
IL A FAIT EXPRÈS DE ROULER LENTEMENT.
TUT
TUT
TUT
OH ZUT, J'AI PRIS LA MAUVAISE SORTIE.
TUT
ET IL S'EST TROMPÉ JE NE SAIS PAS COMBIEN DE FOIS DE CHEMIN.

IL PENSAIT VRAIMENT QUE JE SERAIS DUPE ?
VOUS AVIEZ RÉSERVÉ LE DERNIER VOL ?
OUI...
...
IL Y A UN AUTRE VOL AVEC UNE AUTRE COMPAGNIE DANS UNE DEMI-HEURE...
VOUS VOULEZ QU'ON ESSAIE ?
MENTEUR PROFESSIONNEL
À MON AVIS, C'EST TROP TARD.
JE PENSE AUSSI...
FSHHH
...

JE SUIS VRAIMENT DÉSOLÉ... JE N'AI AUCUNE EXCUSE.
POURQUOI IL ME REGARDE AVEC CES YEUX-LÀ ?!
ALORS, QUE FAISONS-NOUS ?
IL FAIT MÊME SEMBLANT D'HÉSITER.
HUM
NE VOUS INQUIÉTEZ PAS.
JE VAIS TROUVER UN MOYEN DE VOUS RAMENER CHEZ VOUS.
COMMENT ?
JE VAIS CONDUIRE JUSQU'À SÉOUL.
JE VAIS M'ARRANGER POUR RENDRE LA VOITURE LÀ-BAS.

VOUS ALLEZ CONDUIRE TOUTE LA NUIT ?
NE VOUS INQUIÉTEZ PAS, JE SUIS SOLIDE.

JE POURRAI PRENDRE LA RELÈVE SI VOUS VOULEZ.
CE NE SERA PAS NÉCESSAIRE.
ON POURRA TOUJOURS S'ARRÊTER DANS UN HÔTEL, SI J'AI BESOIN D'UNE PAUSE.
SEONGJEONG...
DANS UN HÔTEL ?!
MAIS QUAND MÊME, JE ME SENS MAL DE VOUS LAISSER CONDUIRE...
IL PENSE BIEN À LA MÊME CHOSE QUE MOI ?!

JE DOIS PRENDRE MES RESPONSABILITÉS POUR MES ERREURS.
VOUS AVEZ RAISON.
JE SUIS SÛR QU'ON POURRA RIRE DE CETTE MÉSAVENTURE PLUS TARD.
ON EN GARDERA UN MERVEILLEUX SOUVENIR !
VOYONS ÇA COMME UNE AVENTURE.
ALORS, POUR NE PAS INQUIÉTER VOS PARENTS...
JE VAIS LEUR PASSER UN COUP DE FIL...
SURTOUT PAS ! CE N'EST PAS NÉCESSAIRE !
JE VAIS M'EN OCCUPER !

POURQUOI...?
OH
AU FAIT, PUISQU'ON RENTRE EN VOITURE !
ÇA VOUS DIT DE LONGER LA CÔTE POUR VOIR LA MER ?
ÇA NOUS FERA UN DÉTOUR ET ON METTRA PLUS DE TEMPS POUR RENTRER.
ÇA ME VA, MAIS VOUS ?
EUH...
JE DIS N'IMPORTE QUOI.
COMME ON DIT, TOUS LES CHEMINS MÈNENT À ROME !
J'AI DIT À MA MÈRE QUE J'ÉTAIS AVEC MES AMIES, BON SANG !

JE NE VOIS PAS VRAIMENT LE RAPPORT...
ENFIN BREF ! VOUS VOYEZ QUOI...
EUH
HUM...
CHANGE DE SUJET AVANT DE T'ENFONCER ENCORE PLUS...
HAHA...

CHAPITRE 36

TOC TOC
CLAC
JE VIENS T'APPORTER TA TISANE.
HUM...
CHÉRI.
AH... MERCI...
POURQUOI TU ES TOUT PÂLE ?
TU VEUX QUE J'APPELLE LE MÉDECIN ?

NON, J'AI JUSTE TROP BU AU DÎNER.
TU SAIS COMMENT SONT MES AMIS. ILS N'ONT PAS ARRÊTÉ DE COMMANDER À BOIRE.
ALORS VA TE COUCHER.
OUI, J'ATTENDS JUSTE SEONGJEONG.
POURQUOI ELLE MET AUTANT DE TEMPS À RENTRER ?
ELLE VA RESTER DORMIR AVEC SES AMIES À BUSAN.
À BUSAN ?
OUI, JE NE SAIS PAS POURQUOI ELLES ONT CHOISI D'ALLER AUSSI LOIN.

ELLE A DÛ PARTIR AVEC LA PETITE EUNHA.
SÛREMENT.
JE NE SAIS PAS CE QUE VOUS LUI TROUVEZ.
C'EST UNE FILLE VULGAIRE...
ELLE EST TRÈS GENTILLE. QUEL EST LE PROBLÈME ?
TU TROUVES ÇA NORMAL QU'ELLE FRÉQUENTE UNE FILLE QUI TIENT UN BAR ?
ELLE SE RETROUVE TOUJOURS DANS DES MAUVAISES SITUATIONS.
JE N'AIME PAS DU TOUT L'INFLUENCE QU'ELLE A SUR SEONGJEONG.
FFT

COMME SI...
C'ÉTAIT DANS SES GÈNES...
ELLE EST SUFFISAMMENT GRANDE POUR FAIRE SES PROPRES CHOIX.
WIP
ARRÊTE DE T'EN FAIRE POUR ELLE.
WOUP
ÇA SE PASSE BIEN AVEC HOJIN LEE ?
APPAREMMENT, ILS APPRENNENT À SE CONNAÎTRE PETIT À PETIT.

BELLE MAMAN !
TANT MIEUX. IL ME PLAÎT, CE GARÇON.
OUI, IL N'EST PAS SI MAL FINALEMENT.
LES RUMEURS NE MENTAIENT PAS À SON SUJET.
EN TOUT CAS, C'EST UN GARÇON ATTENTIONNÉ AVEC MOI...
HUM
BIEN, ALORS QUAND SEONGJEONG SERA PRÊTE...
BRR
BRR

CHÉRI ?
IL VAUT MIEUX QUE J'AILLE ME COUCHER...
FWIP
TAC
CHÉRI !!

*NDT : Gangeolgot est lieu sur la côte réputé pour sa vue.

WAOUH
IL Y A UNE TONNE DE COUPLES ICI !
CLIC
CLIC
우 편
JE FERME LES YEUX SUR CELLE-LÀ !
VOUS ÊTES TROP MIGNONNE DESSUS.
TENEZ, C'EST POUR VOUS.
MERCI, J'ADORAIS ÇA QUAND J'ÉTAIS ADO...
ÇA FAIT LONGTEMPS QUE JE N'AI PAS BU DE LAIT À LA BANANE.

MOI AUSSI.
JE N'AVALAIS QUE ÇA PENDANT MES RÉVISIONS AVEC DES PETITES BRIOCHES.
MÊME SI ÇA ME RENDAIT MALADE.
SLURP
SLURP
ON A BIEN FAIT DE VENIR.
JE SUIS SOULAGÉ QUE ÇA VOUS PLAISE.
FWIT
VOUS N'AVIEZ VRAIMENT PAS LE TEMPS D'ALLER MANGER PENDANT VOS RÉVISIONS ?

COMMENT ÇA ?
VOUS DISIEZ N'AVALER QUE DU LAIT AVEC DES BRIOCHES.
AH, CE N'EST PAS POUR ÇA...
POURQUOI ALORS ?
VOUS AVEZ DÉJÀ COLLECTIONNÉ LES STICKERS DES BRIOCHES ?
LES QUOI ?
DES AUTOCOLLANTS.
AH, VOUS PARLEZ DE CE QU'ON TROUVAIT À L'INTÉRIEUR DES SACHETS DE BRIOCHE ?
MAIS...
VOUS RÉVISIEZ DÉJÀ À L'ÉCOLE PRIMAIRE ?
NON, VOYONS.

JE FAISAIS LA COLLECTION PENDANT MES RÉVISIONS À L'UNIVERSITÉ.
ÇA VIRAIT MÊME À L'OBSESSION.
J'ACHETAIS UNE CENTAINE DE BRIOCHES PAR SEMAINE.
PAPILLON !
COMMENT ? IL NE PEUT PAS Y AVOIR UN SEUL PAPILLON À L'INTÉRIEUR...
BON SANG...
UNE FOIS, J'AI MÊME FAILLI RATER UN EXAMEN TELLEMENT J'ÉTAIS FRUSTRÉ.
AH OUI, QUAND MÊME !
HA HA HA
POURQUOI VOUS RIEZ ?
C'EST JUSTE QUE JE NE M'Y ATTENDAIS PAS.
HA HA

ALORS QUE...
JE VOUS IMAGINAIS ÊTRE UN ÉLÈVE TRÈS SÉRIEUX.
PFFFT !
AH OUI ?
ELLES ÉTAIENT COMMENT, VOS ANNÉES ÉTUDIANTES ?
JE DIRAIS... PLUTÔT VIDES.
PARDON ?

COMME QUELQUE CHOSE QUE L'ON VOIT...
MAIS QUI N'EXISTE PAS VRAIMENT.
HUM...?
HUM...

VOUS POUVEZ M'EXPLIQUER CE QUE VOUS VOULEZ DIRE PAR LÀ ?
...
...
DÉSOLÉE, JE NE VOULAIS PAS ÊTRE INDISCRÈTE.
C'EST JUSTE QUE...
J'AI L'IMPRESSION QU'ON NE SE CONNAÎT PAS VRAIMENT...
ALORS JE SUIS UN PEU CURIEUSE.

CHAPITRE 37

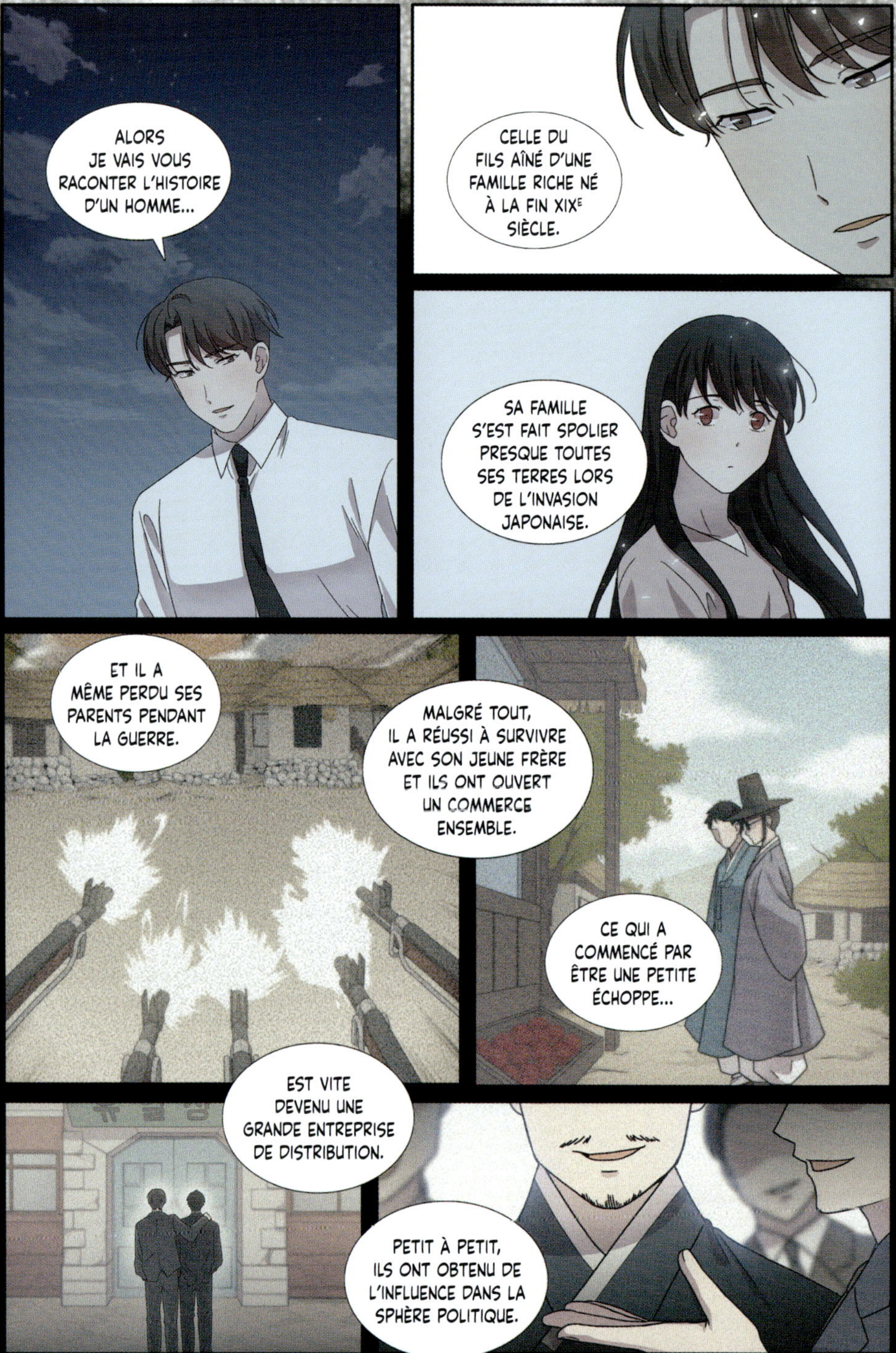
ALORS JE VAIS VOUS RACONTER L'HISTOIRE D'UN HOMME...
CELLE DU FILS AÎNÉ D'UNE FAMILLE RICHE NÉ À LA FIN XIXE SIÈCLE.
SA FAMILLE S'EST FAIT SPOLIER PRESQUE TOUTES SES TERRES LORS DE L'INVASION JAPONAISE.
ET IL A MÊME PERDU SES PARENTS PENDANT LA GUERRE.
MALGRÉ TOUT, IL A RÉUSSI À SURVIVRE AVEC SON JEUNE FRÈRE ET ILS ONT OUVERT UN COMMERCE ENSEMBLE.
CE QUI A COMMENCÉ PAR ÊTRE UNE PETITE ÉCHOPPE...
EST VITE DEVENU UNE GRANDE ENTREPRISE DE DISTRIBUTION.
PETIT À PETIT, ILS ONT OBTENU DE L'INFLUENCE DANS LA SPHÈRE POLITIQUE.

L'ENTREPRISE A CONTINUÉ À S'AGRANDIR ET GAGNER EN RÉPUTATION...
JUSQU'À CE QU'ELLE DEVIENNE L'UNE DES PLUS GRANDES SOCIÉTÉS DU PAYS.
VOILÀ COMMENT EST NÉ LE GROUPE YUIL.
TAC
POURQUOI IL ME RACONTE TOUT ÇA...?
MALHEUREUSEMENT, L'ARGENT FINIT TOUJOURS PAR CHANGER LES GENS.
LA RELATION ENTRE LES DEUX FRÈRES INSÉPARABLES S'EST DÉGRADÉE AU FIL DU TEMPS.

ILS ONT COMMENCÉ À SE BATTRE POUR LA DIRECTION DE L'ENTREPRISE.
JUSQU'À CE QUE LE CADET FINISSE PAR GAGNER.
TANDIS QUE L'AÎNÉ A ÉTÉ MIS DE CÔTÉ POUR S'OCCUPER D'UNE FILIALE.
LE GRAND FRÈRE A DÛ SE SENTIR LÉSÉ.
OUI, IL A TOUJOURS GARDÉ CETTE RANCUNE AU FOND DE SON CŒUR...
IL VOULAIT ABSOLUMENT QUE SON FILS LE VENGE.
TU DOIS...

GNIP
TU DOIS REPRENDRE LE CONTRÔLE DU GROUPE.
IL ÉTAIT OBSÉDÉ PAR SA VENGEANCE JUSQU'À SA MORT.
SON OBSESSION A ÉTÉ TRANSMISE À SON FILS.
ET PUIS À MOI.
JE VOIS...
COMME MON PÈRE N'A JAMAIS RÉUSSI À VENGER LE SIEN...

IL S'EST MIS EN TÊTE QUE CE SERAIT À MOI DE LE FAIRE.
IL A TOUT FAIT POUR QUE JE SOIS LE MEILLEUR.
JE DEVAIS TOUT RÉUSSIR.
TOUJOURS ÊTRE LE MEILLEUR DE MA CLASSE.
MAIS À FORCE DE ME POUSSER À L'EXCELLENCE...
C'EST DEVENU UNE OBSESSION MALADIVE CHEZ MOI.
OH NON...
AU DÉBUT, J'ÉTAIS CONTENT DE RENDRE MON PÈRE FIER.
MAIS UN JOUR, J'AI CESSÉ D'AIMER ÇA.
IL S'EST PASSÉ QUELQUE CHOSE EN PARTICULIER...?

QUAND J'ÉTAIS AU CE2...
PEU DE TEMPS APRÈS LE DÉCÈS DE MA MÈRE...
J'AI RATÉ LA PREMIÈRE PLACE D'UN SEUL POINT À UN EXAMEN.
99
J'ÉTAIS DÉVASTÉ.
J'AVAIS TOUJOURS ÉTÉ À ÉGALITÉ AVEC MON COUSIN JUSQUE-LÀ.
ALORS JE SUIS RENTRÉ CHEZ MOI EN PLEURS.
SNIF
SNIF
SNIF
ET JE ME SUIS ENFERMÉ DANS MA CHAMBRE SANS MÊME DÎNER.

CLAC
QUAND MON PÈRE EST RENTRÉ DU TRAVAIL, IL M'A JUSTE DIT UNE CHOSE...
TU N'ES PLUS MON FILS.
QUOI ?!
MAIS VOUS AVIEZ À PEINE 9 ANS !
JE PEUX LE COMPRENDRE.
IL VENAIT DE PERDRE SA FEMME...
ET C'ÉTAIT CE QUE SON PÈRE LUI AVAIT TOUJOURS DIT.
MAIS QUAND MÊME !
ET PUIS, MOI AUSSI, J'ÉTAIS DÉÇU...
...

ENFIN, PARLONS DE CHOSES PLUS JOYEUSES.
HOJIN...
BABOUM
J'AI ENVIE DE LE CONSOLER !
AH
AH
J'AI L'IMPRESSION QUE LES CHOSES SE SONT APAISÉES ENTRE NOUS...
SEONGJEONG.
VOUS N'ÊTES PAS FATIGUÉE ?
POUF
DIS OUI ! TU POURRAS LE CONSOLER !
OUI ! FAIS-LUI UN CÂLIN !
POUF
BABOUM
BABOUM

SI, UN PEU...
D'HABITUDE, JE DORS À CETTE HEURE-CI.
SE COUCHE À PAS D'HEURE.
TOUC
BRR
BRR
COMMENT FAIT LE SECRÉTAIRE JI POUR FAIRE LE PREMIER PAS ?!
AH OUI ? VOS MAINS SONT GLACÉES AUSSI.
ET VOUS ? VOUS N'ÊTES PAS TROP FATIGUÉ ?
EST EN PARFAITE FORME.
POUR ÊTRE HONNÊTE, JE SUIS ÉPUISÉ...
J'AI UN PEU PEUR DE PIQUER DU NEZ SUR LE CHEMIN DU RETOUR...

HO LÀ LÀ, CE SERAIT TERRIBLE !
LA SOMNOLENCE EST AUSSI DANGEREUSE QUE L'ALCOOL AU VOLANT !

ALORS...
ÇA VOUS DIT QU'ON S'ARRÊTE POUR LA NUIT ?

CHAPITRE 38

DÉSOLÉ, NOUS SOMMES COMPLETS.
MALHEUREUSEMENT, NOUS SOMMES COMPLETS CE SOIR.
PAS DE CHAMBRE DE DISPONIBLE, DÉSOLÉ...
JE N'AVAIS PAS PENSÉ À ÇA...
BON SANG...
C'EST LE DERNIER HÔTEL...

VOUS AVEZ DE LA CHANCE !
COMME DES CLIENTS ONT ANNULÉ À LA DERNIÈRE MINUTE...
IL NOUS RESTE DE LA PLACE.
TOUT JUSTE DEUX CHAMBRES !
POURQUOI IL EST AUSSI PEU PERSPICACE ?!
J'IMAGINE QUE CE SERAIT MIEUX SI ON PRENAIT DEUX CHAMBRES...?
POURQUOI IL ME POSE LA QUESTION ?!

EUH... OUI, JE SUPPOSE QUE C'EST MIEUX...
PFF
IL FALLAIT DIRE NON...!
HAHA
PAF
AÏE !
TU AS PERDU LA TÊTE OU QUOI ?!
TU M'AS FAIT MAL...
JE T'AI DIT QU'ON NE POUVAIT PAS LOUER LA NUMÉRO 7 !
QUOI ? POURQUOI ?

L'AMPOULE NE MARCHE PLUS !
C'EST À CROIRE QUE TU LE FAIS EXPRÈS.
LAVE-TOI LES OREILLES !
AH BON ?
TU NE M'AS RIEN DIT.
JE N'AI PAS ARRÊTÉ DE TE LE RÉPÉTER !
CE QUE JE TE DIS, ÇA NE T'INTÉRESSE PAS ?
FRSH
JE SUIS DÉSOLÉ, MAIS IL NOUS RESTE PLUS QU'UNE CHAMBRE FINALEMENT.
VOUS LA PRENEZ ?
HAHA
HAHA
ON FAIT QUOI ?
MOI ÇA ME VA. ET VOUS...?
MOI AUSSI.

ON Y EST QUE POUR QUELQUES HEURES.
CE SERAIT DOMMAGE DE PAYER POUR DEUX CHAMBRES.
VOUS ÊTES BIEN ÉCONOME.
SUR LA MÊME LONGUEUR D'ONDE...
IL FAUT FAIRE ATTENTION AVEC LA CRISE.
ON VA LA PRENDRE.
ALORS SUIVEZ-MOI, JE VAIS VOUS ENCAISSER...
WIP
VOUS POUVEZ MONTER, JE M'OCCUPE DE TOUT.
SUIVEZ-MOI, MADEMOISELLE.
MERCI.
BLING

ÇA FAIT COMBIEN DE TEMPS QUE VOUS ÊTES ENSEMBLE ?
HEIN ?
AVEC VOTRE PETIT AMI.
EUH... PAS TRÈS LONGTEMPS...
C'EST BIEN CE QU'IL ME SEMBLAIT, VOUS VOUS VOUVOYEZ ENCORE.
VOUS VOUS ÊTES RENCONTRÉ VIA UN RENDEZ-VOUS ARRANGÉ ?
EUH, OUI...
JE M'EN DOUTAIS !
PROFITEZ.
LE MEILLEUR MOMENT D'UNE RELATION, C'EST QUAND ON SE DÉCOUVRE.

FFT
AH OUI...
ET VOILÀ, LA CHAMBRE 8.
TENEZ, LA CLEF.
CLING
PASSEZ UN BON MOMENT.
HI HI HI
J'AI BIEN FAIT D'INVENTER CETTE HISTOIRE D'AMPOULE...
FWIT

TAC
BRR
BRR
AH...
FFT

HUM
ILS ONT L'AIR DE BIEN S'ENTENDRE.
DÉCIDÉMENT, HOJIN EST QUELQU'UN DE TRÈS SOCIABLE.
FWIP
RESPECTUEUX...
ET SYMPATHIQUE.
AU DÉBUT, JE PENSAIS QUE C'ÉTAIT JUSTE UNE FAÇADE...
MAIS ON DIRAIT QUE C'EST VRAIMENT QUELQU'UN DE BIEN.

BLUSH
JE DOIS VRAIMENT ME SERVIR DE QUELQU'UN D'AUSSI GENTIL...?
TOC TOC
FWIP
CLAC
LA HONTE...

LA CHAMBRE N'EST PAS TROP PETITE ?
NON, ON EST JUSTE LÀ POUR DORMIR, DE TOUTE FAÇON.
ELLE COMPTE VRAIMENT DORMIR ?
JE N'AURAIS PAS DÛ DIRE ÇA...
ZUT...

ON A BEAUCOUP TRANSPIRÉ AUJOURD'HUI.
POUF
VOUS POUVEZ ALLER VOUS DOUCHER EN PREMIÈRE, SI VOUS VOULEZ.
NE VOUS INQUIÉTEZ PAS.
JE PROMETS DE NE PAS AVOIR DE PENSÉES DÉPLACÉES.
IL EST SÉRIEUX ?
NON, VOUS POUVEZ Y ALLER EN PREMIER.

LES DAMES D'ABORD.
HEIN ?
JE NE SAIS PAS SI C'EST VRAIMENT LE MOMENT D'ÊTRE GALANT...
SI JE VAIS ME DOUCHER MAINTENANT... JE FAIS COMMENT POUR MON MAQUILLAGE ? ET JE ME RHABILLE APRÈS OU JE METS UN PEIGNOIR ?
TROP D'INCERTITUDES...
ÇA ME GÊNE D'Y ALLER LA PREMIÈRE.
ALLEZ-Y D'ABORD...
FFT
D'ACCORD.
ALLUMEZ LA TÉLÉVISION SI VOUS VOUS ENNUYEZ.

TAC
IL M'A FAIT PEUR...
BABOUM
BABOUM
AH...
POF
SHHHHH
JE FAIS QUOI MAINTENANT ?
JE VAIS VRAIMENT COUCHER AVEC LUI POUR L'OBLIGER À M'ÉPOUSER APRÈS ?
EST-CE QUE JE VEUX VRAIMENT QUE MA PREMIÈRE FOIS SE PASSE COMME ÇA ?

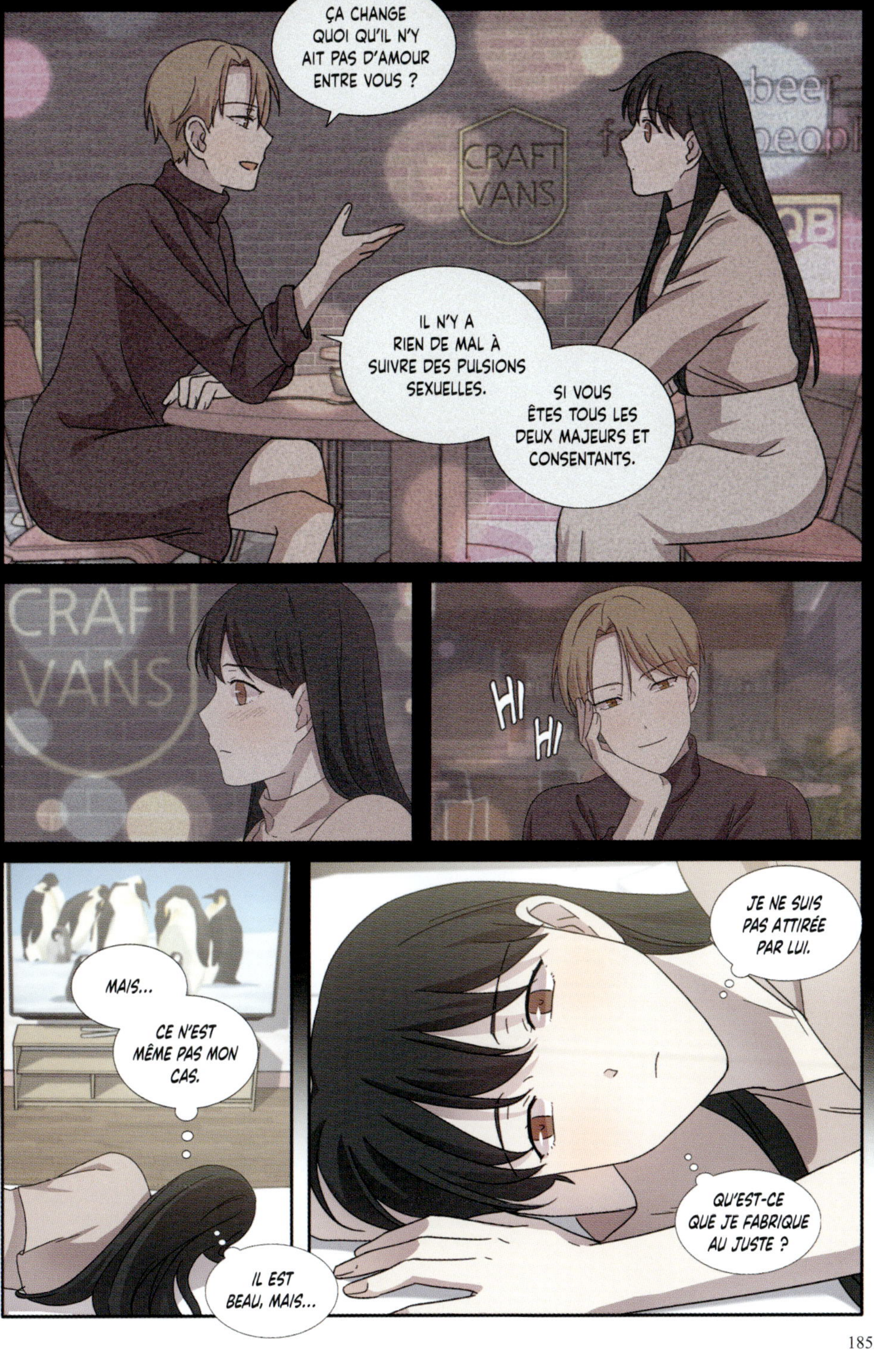
ÇA CHANGE QUOI QU'IL N'Y AIT PAS D'AMOUR ENTRE VOUS ?
CRAFT VANS
IL N'Y A RIEN DE MAL À SUIVRE DES PULSIONS SEXUELLES.
SI VOUS ÊTES TOUS LES DEUX MAJEURS ET CONSENTANTS.
CRAFT VANS
HI HI
MAIS...
CE N'EST MÊME PAS MON CAS.
IL EST BEAU, MAIS...
JE NE SUIS PAS ATTIRÉE PAR LUI.
QU'EST-CE QUE JE FABRIQUE AU JUSTE ?

CHAPITRE 39

OH MAIS !
C'EST L'OCCASION DE CONTINUER MON ENQUÊTE SUR ÉRU10 ET HOJIN !
VIE EN PANNE ?
GLOUTONNE
QU'EST-CE QUE VOUS FAITES DE VOS VACANCES, TOUT LE MONDE ? MES PARENTS M'ONT EMMENÉE À DES SOURCES CHAUDES, C'ÉTAIT GÉNIAL.
MAIS TU AS QUEL ÂGE, AU JUSTE ?
[GLOUTONNE]
C'EST UN SECRET.
ARRÊTE DE TE FAIRE PASSER POUR UNE GAMINE.
ÇA FOUT LES JETONS.
JE NE MENS PAS, NOM D'UN CHIEN.
PFFT
"NOM D'UN CHIEN" ? C'EST QUOI CETTE EXPRESSION DE VIEUX ?
[HAUTMAGE]
MAIS OÙ SONT PASSÉS ÉRU10 ET OUPS! ?
ÇA FAIT QUELQUES JOURS QU'ILS SONT ABSENTS, ON S'ENNUIE.

[HAUTMAGE]
JE TE MANQUE ?
NON.
OH, ÉRU10 ! TU ÉTAIS PASSÉ OÙ ?
ÉRU 10
JE N'AI PAS TROP ACCÈS À INTERNET D'OÙ JE SUIS.
C'EST UN PEU COMPLIQUÉ DE ME CONNECTER.
ALORS TU PARLAIS DE QUI ? MON SOSIE ?
TAP
[BIENTÔTENVACS]
TU ES À L'ÉTRANGER, C'EST ÇA ? CHANCEUX !
LOUTONNE]
CLAP
CLAP
CALME-TOI. IL Y A DES TROUS PERDUS DANS NOTRE PAYS AUSSI.

VOUS ME FAITES PITIÉ À RESTER DANS VOS CHAMBRES.
FWIP
TENEZ, UNE PHOTO.

ÉRUIO
RODOLPHE
CE SONT DES COCOTIERS ??

C'EST... HAWAÏ ?

EN PANNE
ÉRUIO
PROFITEZ BIEN DE LA VUE.
CE SONT LES PIEDS DE SA COPINE ? ON NE DIRAIT PAS UNE PHOTO TROUVÉE SUR INTERNET NON PLUS...
SHHH
C'ÉTAIT VRAIMENT JUSTE QU'UNE COÏNCIDENCE ?
BRR
POURQUOI MA MÈRE M'APPELLE À CETTE HEURE-CI ?
MÈRE
REFUSER
RÉPONDRE
ARGH
BRR
BRR
BIP

ALLÔ ?
SHHHH
TAP
TAP
ÉRU I O : LA WIFI NE MARCHE PRESQUE PAS ICI. JE N'ARRIVE MÊME PAS À ENVOYER TOUTES MES PHOTOS. JE VAIS M'ARRÊTER LÀ. AMUSEZ-VOUS BIEN SANS MOI, BANDE DE NULS. MOUAH HA HA.
C'EST VRAIMENT LOUCHE...
FWIT
FWIT
IL Y A TROP DE POINTS COMMUNS ENTRE OUPS! ET SEONGJEONG...
IL VA FALLOIR QUE JE MÈNE UNE PETITE ENQUÊTE.
VIE EN PANNE
ÉRU I O
PROFITEZ BIEN DE LA VUE.
EN TOUT CAS, MERCI AU SECRÉTAIRE JI POUR M'AVOIR ENVOYÉ LES PHOTOS DE LA LUNE DE MIEL DE SA SŒUR...
SHHH
AH... QU'EST-CE QUE JE FABRIQUE AU JUSTE ?
JE VAIS VRAIMENT COUCHER AVEC CETTE FEMME JUSTE POUR SATISFAIRE MON DÉSIR DE GAGNER ?

DANS QUOI JE ME SUIS MIS...?
HAA...
TOC
TOC
HOJIN !
HOJIN !!
TOC
TOC
QU'Y A-T-IL ?
FWIP
JE SUIS DÉSOLÉE, MAIS JE DOIS RENTRER À SÉOUL !
MON PÈRE A FAIT UN MALAISE !
TAC

VOTRE PÈRE EST MALADE ?
NON, PAS DU TOUT...
ENCORE DÉSOLÉE, À CAUSE DE MOI...
IL EST EN TRÈS BONNE SANTÉ.
VROOUUM
NON...
NE DITES RIEN, C'EST TOUT À FAIT NORMAL.
MAIS VOUS SAVEZ POURQUOI IL A FAIT UN MALAISE ?
MA MÈRE M'A JUSTE DIT QU'IL S'ÉTAIT SOUDAINEMENT ÉVANOUI.

IL EST TOUJOURS INCONSCIENT ?
NON, ILS ATTENDENT LES RÉSULTATS À L'HÔPITAL.
TANT MIEUX.
JE VAIS ROULER VITE, D'ACCORD ?
BABOUM
WHOOSH
MERCI, HOJIN.
C'EST NORMAL.
VOTRE PÈRE IRA BIEN, ALORS NE VOUS INQUIÉTEZ PAS.

VROOUUM
JE PEUX VOUS DEMANDER SON ÂGE ?
75 ANS CETTE ANNÉE.
AH OUI...
IL EST AUSSI ÂGÉ QUE ÇA ?
SI SA SANTÉ SE DÉTÉRIORE D'UN COUP ET QU'IL DEVIENT INAPTE...
EST-CE QU'IL LAISSERA DES INSTRUCTIONS POUR LE TABLEAU DANS SON TESTAMENT ?
OU DÉCÈDE...
AH... JE SUIS HORRIBLE.
QUAND JE SUIS NÉE, MA MÈRE AVAIT 45 ANS ET MON PÈRE 50.
LE PLUS GRAND DE MES FRÈRES VENAIT D'ENTRER À L'UNIVERSITÉ.

VOUS AVEZ DÛ ÊTRE TRÈS SPÉCIALE POUR VOTRE FAMILLE.
OUI. COMME JE SUIS LA SEULE FILLE, ON ME CHOUCHOUTE COMME UNE PRINCESSE.
MAIS MA MÈRE EST PLUTÔT STRICTE.
ELLE A TOUJOURS VEILLÉ À CE QUE JE NE DEVIENNE PAS UNE ENFANT GÂTÉE.
VOUS DEVIEZ ÊTRE SAGE COMME UNE IMAGE POURTANT.
HA
PAS TOUT LE TEMPS. J'AI MÊME ATTAQUÉ MES CAMARADES DE CLASSE UNE FOIS.
ATTAQUÉ ? VOUS ?
EH OUI, FAITES ATTENTION. IL Y EN A UN QUI SAIGNAIT MÊME DU NEZ.

IL S'EST PASSÉ QUOI AU JUSTE ?
J'AI SURPRIS DEUX GARÇONS EN TRAIN D'EMBÊTER UNE FILLE.
IMPARDONNABLE.
N'EST-CE PAS ?
JE N'AI PAS PU CONTRÔLER MA COLÈRE.
ALORS, J'AI SORTI MA MEILLEURE ATTAQUE.
LAQUELLE ?
LE LANCER DE CHAUSSURE.
FWOUSH
HA HA
...
PFT !

NE RIEZ PAS, C'ÉTAIT TRÈS GRAVE. MA MÈRE A MÊME ÉTÉ CONVOQUÉE.
HA HA
DÉSOLÉ, J'AVAIS JUSTE DU MAL À L'IMAGINER...
BREF, MA MÈRE M'A PASSÉ UN SACRÉ SAVON.
J'AURAIS DÛ ME DOUTER QUE TU FINIRAIS PAR ME CRÉER DES PROBLÈMES.
TOUT CE QUE JE TE DEMANDAIS, C'ÉTAIT DE NE PAS FAIRE D'HISTOIRE.
C'ÉTAIT LA PREMIÈRE FOIS QUE JE VOYAIS AUTANT DE COLÈRE DANS SES YEUX.
MAMAN...
PENDANT UNE SEMAINE APRÈS ÇA...
ELLE EST RESTÉE DANS SON LIT.
...
SANS M'ACCORDER UN SEUL REGARD.
BRR
BRR
BRR
BRR

JE NE SAVAIS PAS COMMENT FAIRE POUR QU'ELLE SE SENTE MIEUX.
APRÈS DES JOURS À ME RONGER LES SANGS, J'AI FINI PAR TOMBER MALADE...
DOUM
ELLE NE VOUDRA PLUS JAMAIS ME REGARDER...!
J'AI MANQUÉ UNE JOURNÉE D'ÉCOLE.
MA NOURRICE ALLAIT M'EMMENER CHEZ LE MÉDECIN...
POURQUOI ELLE ME DONNE AUTANT DE DÉTAILS ?
MAIS MON PÈRE A DÉCIDÉ DE M'Y EMMENER À SA PLACE.
POUR LA PREMIÈRE FOIS, ON SORTAIT TOUS LES DEUX MAIN DANS LA MAIN.
J'ÉTAIS TELLEMENT HEUREUSE.
LA PIQÛRE FAIT TROP MAL...
AÏE
BRAVO, MA FILLE ! JE SUIS FIER DE TOI !

FRSH
TIENS ? JE N'AI PLUS MAL...
ET SI ON ALLAIT MANGER UN HAMBURGER POUR FÊTER ÇA ?
UN... HAMBURGER ?!
QUOI ? TU N'AIMES PAS ?
SI, MAIS D'HABITUDE...
MAMAN M'INTERDIT D'EN MANGER PARCE QUE CE N'EST PAS BON POUR LA SANTÉ.
ALORS CE SERA NOTRE SECRET À TOUS LES DEUX !
ALLONS-Y !

WIP
WIP
FFT
MIAM
MIAM
PAPA EST DÉSOLÉ.
DÉSOLÉ POUR QUOI ?

POUR RIEN...
TU SAIS QUE JE T'AIME TRÈS FORT ?
HAHA
HAHA
MOI AUSSI, JE T'AIME !
TU ES MA FILLE ADORÉE.
ET TOI, MON PAPA ADORÉ !

CHAPITRE 40

SEONGJEONG ?
PLIC
PLOC
VOUS PLEUREZ ?
HEIN...?
AH OUI, QU'EST-CE QUI M'ARRIVE ?
CRIII
TAP
TAP
NE PLEUREZ PAS, TOUT IRA BIEN.
MERCI, HOJIN...
SNIF

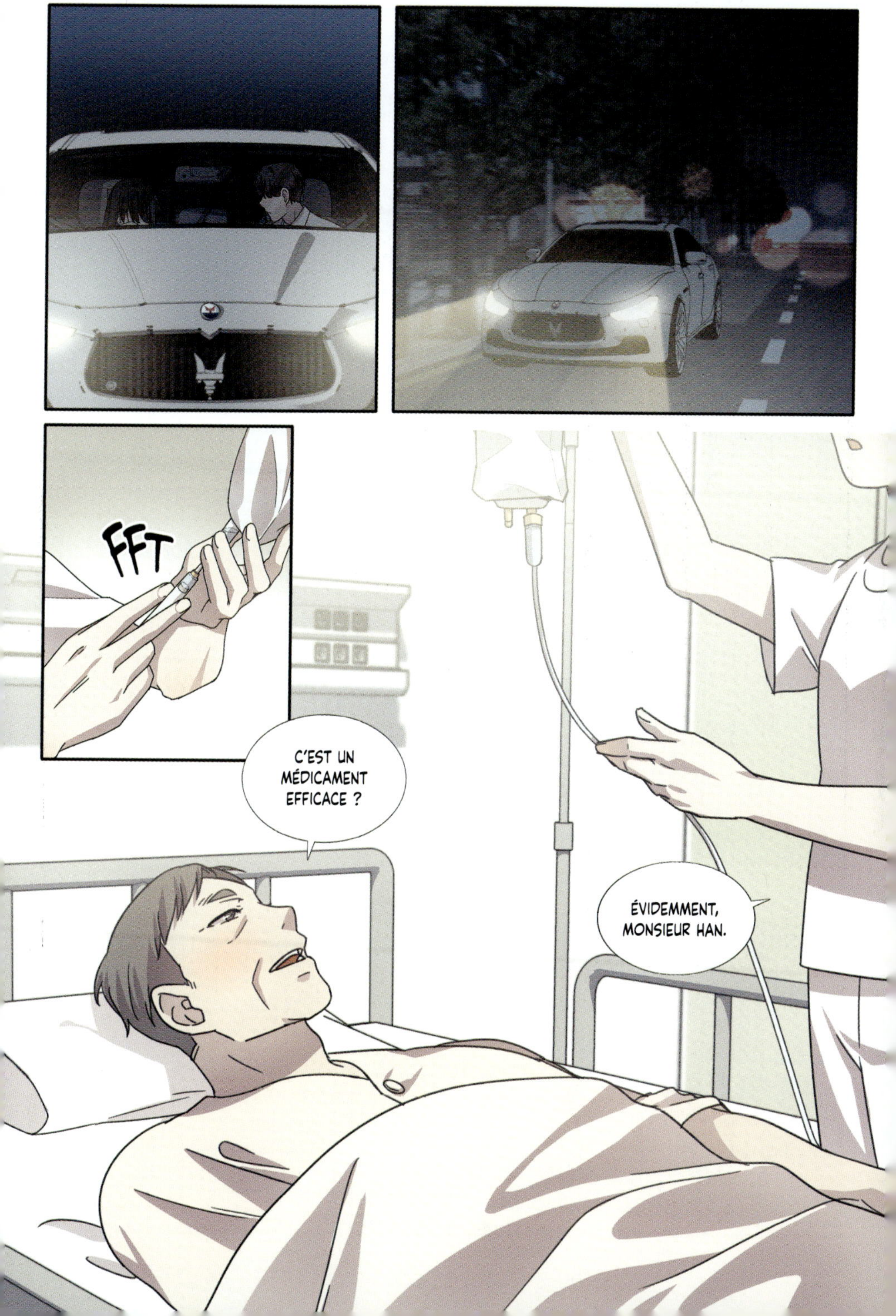
FFT
C'EST UN MÉDICAMENT EFFICACE ?
ÉVIDEMMENT, MONSIEUR HAN.

Mlle OH, C'EST BIEN ÇA ? IL ME FAUT QUELQUE CHOSE QUI ME REDONNE DE L'ÉNERGIE.
VOUS SEMBLEZ EN PLEINE FORME, MONSIEUR HAN.
N'EST-CE PAS ?! JE SUIS ENCORE JEUNE, JE VOUS DIS !
NE VOUS SURMENEZ PAS TROP QUAND MÊME...
ET APPELEZ-MOI S'IL Y A LE MOINDRE SOUCI.
FWIP
MERCI, CHARMANTE DEMOISELLE.

CELUI-LÀ ALORS...
GRR
HA HA HA
COMBIEN DE FOIS JE VAIS DEVOIR TE LE RÉPÉTER, PAPA ?
CLAC
DE NOS JOURS, CE COMPORTEMENT N'EST PLUS ACCEPTABLE.
TU N'AS QU'À ME DÉNONCER À LA POLICE.
COMME ÇA, TU POURRAS ENFIN FAIRE CE QUE TU VEUX.
MAIS NE CROIS PAS QUE JE ME LAISSERAI FAIRE FACILEMENT.

HA HA
TU FERAS QUOI POUR ME STOPPER ?
BREF, SEONGJEONG EST EN CHEMIN.
VLAN
PAPA ! ÇA VA ?
IL N'Y AVAIT RIEN D'URGENT. TU AURAIS PU VENIR DEMAIN.
C'EST DANGEREUX DE PRENDRE LA VOITURE LA NUIT.
DÉSOLÉE D'AVOIR MIS AUTANT DE TEMPS À VENIR...
J'ÉTAIS TROP INQUIÈTE POUR ATTENDRE.
MAIS ON N'EST QUE TROIS ?
WIP
WIP
OÙ SONT LES AUTRES ?

JEONGWU EST EN VOYAGE D'AFFAIRES À L'ÉTRANGER, ET SEONGWU EST PASSÉ, MAIS IL A DÛ REPARTIR.
AH, OK...
ZZZ
ZZZ
...!
IL DEVAIT ÊTRE ÉPUISÉ.
TU AS L'AIR FATIGUÉ AUSSI, MAMAN.
VOUS DEVRIEZ RENTRER, TOUS LES DEUX.
JE VAIS PRENDRE LA RELÈVE.
D'ACCORD.
MON PAUVRE GARÇON, IL NE TE REND PAS LA VIE FACILE.
C'EST SURTOUT TOI QUE JE PLAINS.
TAP
TAP

HAA
TU AS L'AIR CONTRARIÉ. C'EST PARCE QU'IL A DRAGUÉ L'INFIRMIÈRE DEVANT TOI ?
DEPUIS LE TEMPS, TU DEVRAIS ÊTRE HABITUÉE.
JE N'Y PEUX RIEN.
MAIS AU MOINS, JE SAIS QU'À SON ÂGE, IL NE RISQUE PLUS DE...
ARRÊTE DE RESSASSER CETTE VIEILLE HISTOIRE.
TU M'AS MOI, NON ?
OUI... TU ES VRAIMENT LE SEUL SUR QUI JE PEUX COMPTER.
JE NE COMPRENDS PAS POURQUOI TON PÈRE SE MONTRE AUSSI DUR AVEC TOI.

À SON ÂGE, IL AURAIT DÉJÀ DÛ TE LÉGUER SES PARTS DE LA SOCIÉTÉ.
MAIS IL EST TELLEMENT TÊTU...
IL DOIT AVOIR SES RAISONS.
ALLEZ, RENTRE. IL EST TARD.
MAIS...
NE TRAÎNE PAS, C'EST DANGEREUX LA NUIT.
JE REPASSERAI DEMAIN APRÈS LE TRAVAIL.
...
CE VIEUX GÂTEUX.

ÇA FAIT UN BAIL, YERIM !
QUOI DE NEUF ?
RIEN, LA ROUTINE.
ET TOI ? TU ES RAVISSANTE, DIS DONC.
MERCI...
C'EST LA MÊME MARQUE QUE PORTAIT SEONGJEONG...

CE N'EST PAS SUPER CHER, CETTE MARQUE ?
TU CONNAIS ?
JE L'AI ACHETÉ LE MOIS DERNIER.
IL M'A COÛTÉ 1 130 000 WONS*, JE CROIS...
*NDT : environ 740 euros.
QUOI ?!
COMMENT UN PORTEFEUILLE PEUT COÛTER AUSSI CHER ?
CE N'EST RIEN POUR CETTE MARQUE.
LE SAC, À CÔTÉ, C'EST UNE FORTUNE.

J'IMAGINE...
COMMENT ELLE A PU DÉPENSER L'ÉQUIVALENT DE MON SALAIRE DANS UN PORTEFEUILLE ?
JE NE POURRAIS JAMAIS FAIRE UNE CHOSE PAREILLE !
MÊME SI C'EST VRAI QU'IL EST JOLI...
LA DIRECTRICE SE PORTE BIEN ?
OUI. ELLE FAIT DE L'HYPERTENSION, MAIS...
ELLE VA UN PEU MIEUX CES TEMPS-CI.

TU DEVRAIS PASSER LEUR DIRE BONJOUR. ÇA LEUR FERAIT PLAISIR.
JE N'AI PAS TROP LE TEMPS, TU SAIS.
QU'EST-CE QUE TU FAIS POUR ÊTRE SI OCCUPÉE ?
든든한 한끼
소머리 국밥
FWIP
FWIP

TU DOIS GARDER ÇA POUR TOI, OK ?
À SUIVRE...

SI JAMAIS VOUS DÉCOUVREZ CE MANHUA À PARTIR DE LÀ...
BIEN...
TAC
JE VAIS VOUS DÉSHABILLER MAINTENANT.
JE SAIS QUE LA SITUATION POURRAIT PRÊTER À CONFUSION.
TIME
VSH
MAIS, CETTE SCÈNE N'EST...
PAS DU TOUT CE QUE VOUS IMAGINEZ.

LEE Yunji

Something About Us

Ils sont les seuls à ne pas savoir qu'ils se plaisent !

Ga-yeong et Woo-jin se considèrent comme meilleurs amis.
Le lien qui les unie est si fort et leur complicité si grande
que personne ne veut croire à une simple amitié !
Mais de l'amitié à l'amour, il n'y a qu'un pas…

Un duo attachant, une histoire drôle et émouvante !

SÉRIE TERMINÉE

KBOOKS

ÇA ME RAPPELLE QUAND ON RENTRAIT APRÈS NOS COURS DU SOIR AU LYCÉE.
OH ?
JE ME DISAIS LA MÊME CHOSE.
C'EST COOL QU'ON SOIT DANS LA MÊME FAC.
PAS VRAI ?
GRAVE...

Qu'est-ce qui cloche avec TA VIE EN LIGNE ?

What's wrong with your online life ? VOL.03

Directeur de collection : Pascal LAFINE
Coordinatrice : Lina LIANG
Supervision éditoriale : Léna PANZANI
Assistante éditoriale : Zina DERRAZ
Traduction : Sarah OZKALP
Correction-relecture : Victoria JUILLARD
Maquette & lettrage : Studio Charon
Conception graphique : Yohan JULIEN

Ce volume contient les épisodes 28 à 40.
Dépôt légal : mars 2025
ISBN : 978-2-38288-158-3

Imprimé et relié en février 2025
par Aubin, en France

Groupe Delcourt - KBOOKS -
8 rue Léon Jouhaux 75010 Paris

www.editions-delcourt.fr